나는 왜 내 편이 되지 못할까

나는 왜 내 편이 되지 못할까

1판 1쇄 발행 2024. 11. 20.
1판 2쇄 발행 2024. 11. 21.

지은이 정우열

발행인 박강휘
편집 구예원 디자인 정윤수 홍보 박은경 마케팅 이서연
발행처 김영사
등록 1979년 5월 17일(제406-2003-036호)
주소 경기도 파주시 문발로 197(문발동) 우편번호 10881
전화 마케팅부 031)955-3100, 편집부 031)955-3200 | 팩스 031)955-3111

값은 뒤표지에 있습니다.
ISBN 979-11-94330-71-4 03180

홈페이지 www.gimmyoung.com   블로그 blog.naver.com/gybook
인스타그램 instagram.com/gimmyoung   이메일 bestbook@gimmyoung.com

좋은 독자가 좋은 책을 만듭니다.
김영사는 독자 여러분의 의견에 항상 귀 기울이고 있습니다.

나는 왜 내 편이
되지 못할까

타인을 신경 쓰느라 내 감정을 외면해온 당신에게

정우열 지음

김영사

내 마음이 나에게 주는 신호

—

정신과 전공의 첫해에, 교수님들과 선배 전공의들에게 수퍼비전을 받으며 가장·이해가 안 되던 점이 있었습니다. 개인의 상황이 힘들어서 생긴 질환인 것 같은데, 주변 환경에 집중하지 않고 개인의 마음에 집중하라는 반복된 요구였죠. '상황이 그대로인데 마음이 바뀐다고 해결될까?' 끝없는 의구심이 들었습니다.

하지만 경험이 쌓이면서 마음에 집중하는 것의 놀라운 힘을 이해하게 되었습니다. 사람을 괴롭게 하는 것은 외부의 문제가 아니라 내면의 목소리가 보내는 비난이라는 것을 알게 되었으니까요. 사람을 행복하게 하는 것 역시 외부의 성취가 아니라 내면의 목소리가 있는 그대로의 나를 인정해주는 것이라는 사실을 수없이 경험했기 때문입니다.

하지만 나의 마음 즉, 내적 경험에 집중하는 것은 그다지 유쾌하지 않다는 함정이 있습니다. 안정감은커녕 오히려 더 우울해지거나 불안해지는 식으로 고통을 주기 때문입니다. 그래서 우리는 외부 세계에 집중하기가 쉽습니다. 더욱이 현대사회는 외부 세계에 더욱 집중하도록 요구하면서 수많은 정보를 끊임없이 제공하지요. 그것에 맞춰 살아가는 동안 내면의 갈등과 상처는 고스란히 쌓여가고 안에서 곪아갑니다. 그러다 인생의 어느 사건을 통해 깊은 절망과 두려움, 분노와 자책이 한 번에 몰아닥쳐 우리를 흔들고 당황시킵니다.

내가 누구인지 잘 모르겠어서 불투명한 느낌, 내 삶의 방향을 어떻게 잡아야 하는지 혼란스러운 마음은 우리를 참 작아지게 만들고 침체시킵니다. 그런데 바로 이것이 '내 마음이 나에게 주는 신호'라는 점을 알아야 합니다. 이제는 더 이상 외면하지 말라는 신호, 가장 소중한 관계를 회복하라는 신호라고 말이지요.

제가 심리 유튜브를 7년간 운영하며 메인화면에 써놓은 문장이 있습니다. "내 마음과 친해지게 도와드릴게요." 이 말은 어떤 의미일까요? 진료실에서 내담자와의 상담을 통해서든, 유튜브나 신문 칼럼을 통해 사연을 다룰 때든 늘 경험하는 것이 있습니다. 심리적 문제 해결에 가장 중요한 것은 '자아감'이라는 것입니다. 내가 어떤 사람이고 어떤 생각과 감정을 경험하는지 늘 인식하고 있는 것을 말하지요. 우리가 매순간 들숨과 날숨으로 호흡하듯 자연스럽게 내 마음을 읽고 표현하는 것에 익숙해야 하지만 그러기 어렵습니다. 오히려 숨이 조금 거칠다는 이유로 참고 참다가 호흡곤란이 오고 저산소증에 빠지듯이, 내 마음과 멀어진 채 지내다 보면 다양한 심리적 문제들이 어느 순간 밖으로 터져 나오게 됩니다.

우리는 왜 자연스러운 내면을 그대로 바라보지 못할까요? 그것은 사람에 대해 지나치게 높은 기준을 가지고 있기 때문입니다. 나 자신에 대해, 그리고 타인에 대해 지나치게 대단한 위치에 있기를 기대합니다. 하지만 막상 내면을 바라보면 생각이든 감정이든 기대에 비해 형편없는 것들을 발견하게 되죠. 깜짝 놀라서 마음의 문을 닫고 억지로 바람직한 쪽으로만 이끌려고 합니다.

그래서 유튜브나 대중강연에서 가장 많이 하게 되는 말은 "사람은 생각보다 별로다"입니다. 처음 들으시는 분들은 정신과의사가 하는 말이라고 하기엔 의아하게 느끼시는 경우가 꽤 많습니다. 다행히도 제가 강조하는 '내면에 집중하라'는 이야기를 꾸준히 접하다 보면 점점 그 뜻을 이해하게 되고 깊게 공감하는 듯합니다. 또한 신기하게도 '내 자신이 별로'임을 인정하게 되면 그때부터 새로운 시야가 열리곤 합니다. 나 자신을 수용하게 되고, 더불어 타인도 수용하게 되는 것이지요.

수많은 관계들로 연결되어 있는 현대사회에 아이러니하게도 외로움을 느끼는 사람이 참 많습니다. 외로운 진짜 이유는 무엇일까요? 주변에 내 편이 없기 때문일까요? 아닙니다. 내가 내 편이 아니기 때문입니다.

오랫동안 심리학의 흐름은 인지를 중요시하던 분위기였지만, 근래에 와서 뒤늦게 감정의 중요성을 강조하고 있습니다. 개인의 자연스러운 감정은 생각보다 별로이기 때문에 타인과 공유하지 않거나, 혹은 겉으로 보여지기에 괜찮은 것들만 공유합니다. 특히 현대 사회는 타인과 다양한 것들을 공유하는 것에 익숙하지만, 주로 외적인 경험들만 강조하게 마련이지요. 그럴수록 타인과는 어느 정도 친밀해지는 느낌을 받지만, 상대적으로 자기 자신과는 멀어지게 될 수밖에 없습니다. 외부 세계에 집중하느라 내면의 목소리를 외면하게 되기 때문입니다.

그래서 저는 이 책에서 내면의 목소리에 귀 기울이도록, 우리가 직접 경험했거나 주변에서 듣는 다양한 사연들을 세세히 다뤘습니다. 각 사연에 공감하고 나에게 해당되는 솔루션을 얻는 것도 중요하지만, 제가 가장 원하는 것은 따로 있습니다. 상황은 다 달라도 '아, 사람의 마음이 이렇구나' 하는 깨달음을 경험하는 것입니다.

이 책이 그동안 외면했던 각자의 마음을 들여다보도록 안내하는 내비게이션이 되길 기대합니다. 그리고 나 자신과 다시 대화하고 내가 오랫동안 묻어두었던 생각과 감정의 경험들을

마주하게 되길 바랍니다. 자신과의 정직한 관계가 회복됨으로
써 깊은 편안함과 행복감을 주는 '회복'을 경험하기를 소망합
니다.

정우열

나는 왜 미워하면서도
사랑받고 싶을까?

: 불안, 미움, 상처의 근원

부모를 마음껏 미워할 수도 없는 고통

어릴 적 부모에게 받은 상처는 성인이 될 때까지 고통스러운 기억으로 남습니다. 누군가는 여전히 부모에 대한 고통과 분노에 힘들어하는 이에게 "부모로부터 독립하면 되잖아"라고 단순하게 말할지 모르지만, 막상 고통의 당사자는 그런 부모를 마음껏 미워할 수도, 벗어날 수도 없는 제2의 고통을 겪고 있습니다. 왜 부모를 그토록 미워하면서도 관계를 회복하려고 하는 걸까요?

서른을 앞두고 있는 한 여성이 있습니다. 어린 시절부터 아버지의 폭력과 자살 시도로 인해 수시로 경찰을 불러야만 했던 경험을 가지고 있지요. 조울증과 강박장애 등의 병력을 가진 아버지는 자식 앞에서 수시로 자살을 할 거라 으름장을 놓기 일쑤였죠. 경제력이 없어 아버지와 이혼하지 못 하는 무능력한 어머니에 대한 미움도 커졌습니다. 이런 가정에서 살 수밖에 없었던 여성은 환청과 불안 증상에 시달리다가 고등학교 때 자살기도까지 하는 등 정신적으로 피폐해져 갔고, 이 고통은 불행하게도 성인이 된 후 남성에 대한 혐오로까지 이어집니다.

"이제는 독립을 해야 하는데 자꾸 취업에 실패하고, 집에 돌아와 부모님과 갈등이 반복되니 답답합니다. 요즘엔 제 인생을 일부러 망침으로써 부모님께 복수하고 싶은 충동까지 드는데 정말로 그런 결말을 맺을까봐 너무 두렵습니다. 어떻게 하면 부모님을 향한 분노를 좋은 쪽으로 바꾸고, 부모님과 관계를 회복할 수 있을까요."

회피보다는 직면하기

아이들은 누구나 부모에게 사랑을 원합니다. 조건 없는 사랑을 지속적으로 제공하는 부모라는 존재는 아이의 정서적 발달에 너무나 중요합니다. 그런데도 부모로서 해야 할 최소한의 의무를 저버리고 오히려 해를 가하는 불행한 상황을 보게 됩니다. 술에 취해 사람들과 다투고 칼부림을 하는 모습을 보여주고, 폭력을 행사하죠. 그런 사람은 부모와 배우자, 자녀 등 누구와도 좋은 관계를 맺지 못합니다. 미성숙하고 자기중심적이기 때문에 자신이 자녀에게 어떤 상처를 주고 있는지도 모르는 경우가 태반입니다.

사람은 누구나 내가 사랑받을 만한 존재라는 것을 확인하고 싶어 합니다. 살면서 나라는 개별적인 존재를 있는 그대로 존중받고 싶은 욕구와, 믿을 만한 대상에게 의존하고자 하는 욕구가 채워지지 못하면 어떻게 될까요? 그때 생긴 상처는 앞으로의 삶에서 그 상처가 자꾸만 건드려지면서 성장을 가로막는 장애물이 됩니다. 불완전하고 자신에게 피해를 주는 부모였다 하더라도, 그럼에도 사랑받고 싶고 의지하고 싶은 존재가 바로 부모이니까요. 마음 깊은 곳에서 분노와 원망이 차오르지만 오히려 그럴수록 무의식적으로는 그 부모에게 끊임없이 애정을 얻고 싶어 매달리게 되는 것도 그 때문입니다. 극단적인 양가감정, 사랑과 미움 사이를 마구 오가는 이 감정은 당사자를 큰 고통 속에 몰아넣습니다. 소위 희망고문처럼 말이죠.

부모와의 관계에서 오는 결핍과 혼란은 다른 관계에도 문제를 일으킵니다. 사랑을 받고자 하는 욕구가 지나치면 의존적인 성향이 되기 때문이죠. 한 사람의 다양한 면을 바라보기보다 내가 믿고 의존할 만한 사람인가라는 한 가지 측면에 쉽게 몰입되고, 상대방에게는 집착으로 여겨져 관계로부터 쉽게 실망하고 상처를 받습니다. 상처가 반복되면 가까운 관계를 맺는 게 두려워지기 때문에, 이를 애당초 방지하고자 사람에 대한 불신과 혐오부터 키우게 되는 거지요.

겉으론 명랑하게 잘 지내는 것 같은데 늘 누군가와 같이 있고 싶고 기대고 싶을 거예요. 어떤 일도 혼자서는 해결할 수 없을 것 같은 두려움, 그러면서도 사람에 대한 기준이 높아 그에 맞지 않으면 평가절하해 버리거나, 혹은 혐오 같은 나쁜 감정에 집중하게 되죠. 그렇게 되면 고통을 미연에 방지하고자 한 회피 행동을 통해 더욱 고립되기 때문에, 결국은 사람에 대한 두려움은 더 강해지는 식으로 악순환됩니다.

이 경우엔, 반대로 '사람은 사회적 동물이며 기본적으로 의존에 대한 욕구가 있다는 점'을 이해하고 관계를 억지로라도 형성하고 유지하려 노력하는 것이 좋겠습니다. 예전에 상처를 받았던 지인이라 연락조차 싫더라도 악순환을 방지하기 위해 내 감정이 괜찮을 때 연락을 해보거나 심지어 만나보기까지 해보는 것이죠. 막상 만나보면 어떻게 될까요? 생각보다 괜찮은 사람이라는 생각이 들 수 있고, 그렇게 선순환될 가능성도 꽤 있습니다. 그렇지 않고 예전 상처가 부각되는 경험을 하더라도 괜찮습니다. '감정일기'를 통해 당시의 상황과 느낌을 자세하게 기록해보면서 그 감정을 다룰 수 있는 기회가 되기 때문입니다. 이러나저러나 회피보다는 직면이 도움이 되는 이유입니다.

감정일기는 실제로 트라우마 치료에서 사용하는 방법이고 매우 효과적입니다. 자신의 감정을 일기처럼 계속 써내려가는 겁니다. 구체적으로 쓰는 것이 중요합니다. '누구'와 '언제' '어디서' '어떤 상호작용'을 했고, 그때 느낀 자신의 '감정'을 솔직하게 기록하면 됩니다. 누군가에게 마음이 불편했다든지, 혹은 반대로 '기대고 싶다고 바라게 된 순간'은 언제였는지에 대해서요. '이런 얘기를 들을 때 솔직히 어떤 기분이 들어?' '정말로 그렇게 하고 싶은 게 맞아?'라는 물음을 스스로 던져보는 거죠. 그럴 때 마음이 어떻게 움직이는지를 기록하다 보면 스스로의 감정과 욕구를 이해하게 됩니다.

유의할 점은, 내 감정을 절대로 판단하지 않아야 한다는 겁니다. 말과 글로 표현한다고 마음의 괴로움이 드라마틱하게 해결되지는 않겠지만, 내면의 감정이 조금씩 인식되고 표현되며 동시에 해소되면서 어느 날 불쑥 부정적 감정이 몰아치는 횟수와 강도가 점차 줄어드는 것을 느끼게 될 거예요. (이 책의 부록 '〈감정일기〉는 이렇게 써보세요'를 참고하세요.)

때로 삶을 스스로 망치고 싶은 이유

앞의 여성은 어린 시절 반복된 학대를 경험하고 무력한 어머니의 모습을 학습함으로써 피학적 패턴을 발달시켜 온 것 같습니다. 피학적 성격의 특징은 피해를 자초하는 방식으로 방어적 행동을 한다는 점이에요. 예측할 수 없는 상황에서 자주 고통받고 그로 인해 만성적인 예기 불안을 경험하면, 적어도 스스로 고통당할 시점이라도 정하는 통제 지향의 행동을 보임으로써 불안을 가라앉히는 경우지요. 이것을 '수동에서 능동으로의 전환'이라고 표현합니다. 매사가 순탄하면 곧 폭풍우가 몰아칠 것 같은 두려움 때문에 '매도 먼저 맞는 게 낫다'라는 식으로 스스로에게 도발하는 셈입니다.

내 인생을 망치고 싶은 이유가 부모에 대한 복수심 때문이기도 하지만, 근본적으로는 피학적 환경을 재창조함으로써 부모가 자신의 삶을 책임지도록 하는 것입니다. 결과적으로는 부모에게 더 강하게 의존하고 더 순응하게 되는 방식으로 오랜 심리적 갈등을 해결하려는 것이죠. 이 여성도 복수를 원한다고 말하지만, 아이러니하게도 동시에 부모와의 관계를 회복하고 싶다고 말하고 있는 것입니다. 정작 가장 필요한 것은 복수도, 관계 회복도 아닌 '정서적 독립'인데 말이죠.

앞의 사연과 비슷하지만 그 내용에 있어 약간의 차이를 보이는 다음과 같은 사례도 있습니다. 이분도 30대 여성인데요, 어릴 적 아버지로부터 받은 정신적 폭력과 강압적인 태도로 인해 어른이 된 지금까지 그 영향을 벗어나지 못하고 있습니다. 마치

독재자처럼 무섭고 권위적인 태도로 가정에서 군림하던 아버지는 매사 가족들에게 호통과 불만만 내뱉는 분이었지요.

가족의 모습이 맘에 안 들면 맨정신으로 차분히 말하지 못하고 술의 힘을 빌려 폭언과 폭력으로 표현하였고, 집안의 큰일부터 사사로운 일까지 가족의 의견을 구하지 않고 본인 생각대로 결정하는 식이었지요. 아내가 정성껏 차린 밥상에서 음식에 대한 불만을 끊임없이 표현하고, 자식들의 소소한 선택에 대해 항상 꾸중을 하거나, 자신의 의견이 무조건 옳다고 강조하는 분이었습니다. 그렇게 아버지로 인해 정신적으로 억압당하고 자라온 여성은 결혼을 한 지금까지 아버지로 인한 일상의 공포를 극복하지 못했습니다. 아직도 매주 딸에게 할 일을 지시하고, 먹기 싫은 딸의 입에 억지로 음식을 밀어 넣거나, 언제든 야단을 칠 준비를 하고 있는 아버지를 말이지요.

이 사연자는 타인의 감정을 예민하게 느끼는 섬세한 성격이었는데, 이 경우 상대방도 그럴 것이라 생각해 배려하느라 자기주장을 잘 드러내지 못하는 경향이 많았습니다. 그러나 사연에 나오는 아버지는 정반대였겠지요. 통제적이고, 주장이 강한 사람이었을 거예요. 상대에게 바라는 기준이 높고, 감정기복이 심하고 까다로운 유형의 사람이죠. 그런 사람은 자식의 특성이 아니라 본인의 특성에 맞춰 무섭게 아이를 지배하곤 합니다.

이번 글에서 소개한 두 여성의 사례를 보면, 아버지의 폭압과

더불어 한 가지 더 공통점이 있습니다. 무력한 어머니의 태도가 그것입니다. 존재감이 보이지 않는 이 어머니들은 집안의 독재자의 모습에 그저 숨죽여 사는 것 외에는 방법이 없었던 것 같습니다. 이런 어머니들은 나 하나 희생해서 가족의 평화를 지킨다며 합리화하지만, 자식들이 그 무력한 모습을 학습해 또 다른 고통을 인내하며 살게 된다는 점은 간과하고 있습니다. 자녀들의 성장과정에서 최소한의 보호도 못해줄 정도로요. 어머니라도 용기로 맞서거나 온기로 자녀들을 품어줬다면 사연자들의 이 같은 아픔이 조금은 덜했을 것이란 아쉬움도 남습니다.

부모 자식 간에도 선 긋기를

오랜 기간 공포 가득한 가정환경과 부모의 과도한 통제에 순응하며 의존적인 자아상을 가진 채 커버린 수많은 어른들이 있습니다. 상대를 실망시키거나 거부당할 것에 대한 두려움이 너무 큰 나머지 자기주장을 하지 않고 순응하는 경향이 강해진 탓이지요.

그럴 때는 스스로 자동적인 반응에 의한 행동을 잠깐 멈추고, 상황을 직면하려는 노력을 해야 합니다. 괴로운 상황에서 다른 사람의 반응은 민감하게 바라보지만, 정작 자신의 감정과 행동은 있는 그대로 받아들이지 못하는 건 아닌지 돌아보아야 합니다. 앞으로 여러 사람과 관계를 맺으며 살아가야 하니 힘들더라도 연습할 수밖에요.

난폭하고 공격적인 아버지가 나이가 들었다고 해서 감정과 충동을 잘 조절하게 될 것이라고 기대해서는 안 됩니다. 그보단 내가 감당할 수 있는 수준을 정하고 그 수준을 넘으면 거절하거나, 거절이 어려우면 최소한 잠시라도 자리를 피하는 것이 현명한 방법입니다. 부모지만 경계를 만들어서 만나라는 의견을 드리고 싶습니다. 부담스러운 요구에 응하지 않고 자신이 결정해서 주도하는 관계의 패턴을 하나씩 만들어가야 합니다. 물론 그 과정이 순탄하지 않고 더 강하게 행동하는 아버지의 모습을 볼 수도 있겠지요. 그러나 그 두려움을 자연스럽게 받아들이고 이 순간을 버텨야 두려움이 점점 줄어들고 그래야 비로소 정서적 독립이 가능합니다.

자신이 살아갈 인생이 얼마나 유일하고 소중한지 집중해보았으면 합니다. 어릴 때는 부모가 절대적인 존재이지만 성인이 되면 완전히 자유로울 순 없어도 선택을 할 수 있습니다. 부모의 그림자를 천천히 지워내고 마음의 짐을 벗어버리는 것은 오롯이 나 자신만이 할 수 있습니다. 새로운 가족을 꾸렸다면 그 가족을 든든한 버팀목 삼아 주체적인 삶으로 나아가길 바랍니다.

과거에는 부모와의 관계에서 자식이 결정할 수 있는 게 없었지만, 성인이 되었다면 오롯이 내 결정이고 내 책임입니다. 무력했던 어린 시절을 자기 주도적으로 충분히 슬퍼할 수 있어야 과거와 지금의 현실을 구분할 수 있고, 그래야 오랫동안 반복돼 온 피학적이고 의존적인 행동패턴이 그 힘을 잃게 됩니다. 그렇게 한 걸음씩 가다보면 사람에 대한 불신과 집착이 줄고 안정적으로 지지받는 관계를 만들어가며, 채워질 것 같지 않던 내면의 결핍 역시도 천천히 채워질 테지요.

가족은 서로 위해야 한다는 강박관념

—

저는 부모님과 함께 사는 학생입니다. 저에게는 따로 살고 있고 현재 직장을 다니는 두 살 터울 언니가 있습니다. 언니는 어려서부터 원인 모를 불안을 느끼고 우울을 호소해 가족의 걱정거리였습니다. 언니는 매사를 과민하게 받아들이고, 속 이야기는 거의 하지 않아요. 어릴 때부터 "죽고 싶다"고 입버릇처럼 말하던 언니가 요즘은 체력도 떨어지고, 가족은 물론이고 다른 사람과도 거의 소통을 하지 않는 것 같습니다.

언니와는 고등학교 2학년 때까지 같은 방을 썼습니다. 그러다 정리정돈 문제로 다퉈 각자 방을 분리하게 됐죠. 언니는 고등학교 3학년 때부터 책으로 책상에 담을 쌓기 시작했고, 대학생 시절 살았던 셰어하우스의 방은 늘 어수선했습니다. 언니가 첫 직장을 그만뒀을 때 찾아갔던 원룸의 광경은 그야말로 충격이었습니다. 도둑맞은 집처럼 더럽고 엉망진창이어서 엄마와 제가 대청소를 한 후 방을 뺄 수 있었지요. 지금은 자취를 하는데 그 집 역시 상황은 다르지 않아요.

어릴 땐 유독 신발끈을 잘 묶지 못했는데 그런 정돈되지 않은 모습에 언니는 이상함을 느끼지 못했습니다. 손가락 힘이 부족해 세밀한 손작업을 어려워했고, 초등학교 저학년 때까지는 멀쩡히 서 있다가도 갑자기 춤추는 듯한 동작을 보이기도 했습니다. 지금도 혼자 무언가 생각할 때 짧은 거리를 계속 반복해서 왔다 갔다 합니다.

언니 방에서 지폐와 동전이 방바닥을 굴러다니는 건 흔한 풍경이었어요. 대학생 때는 용돈을 받았지만 부모님과 그것과 관련해 다툼이 잦았고, 직장을 다닐 때도 돈 관리에 어려움이 있었어요. 가족들이 걱정돼 물어보면 돈이 없다는 말만 반복합니다. 평일에 회사를 다니면서 생활비가 부족해 주말 아르바이트까지 시작한 상황입니다. 최근에는 카드값을 내기 위해 저에게 돈을 빌린 적도 있어요.

학업 성취는 나쁘지 않았어요. 어릴 적부터 독서를 좋아하고, 중학교에 들어갈 때는 수석으로 입학했습니다. 과목마다 편차가 커서 항상 성적이 좋은 건 아니었지만 서울 상위권 대학에 입학했습니다. 대인관계는 당연히 좋지 않습니다. 중학교 때부터 친구들과 거리를 두고 책 읽는 데만 몰두했어요. 고등학교 때는 몇 명 친구가 생겼지만 대학에 들어가선 친구가 거의 없었습니다. 회사에서는 상사와의 관계에 어려움이 있었죠. 전반적으로 언니의 10대 시절부터 20대 후반까지는 인간관계에 있어 분명 문제가 있습니다.

3년 전, 집에서 계속 울기만 하는 언니를 설득해 정신건강의학과를 방문했습니다. 당시 언니는 밤에도 잠을 자지 않고 울기만 했어요. 이유를 물어보면 모르겠다고만 대꾸하며 밤새 대성통곡을 했죠. 한 달 정도 심한 우울감을 보였고, 어떤 날은 죽고 싶다는 말도 했습니다. 몇 차례 상담을 받은 후에 자신의 상황을 인지하고 마음의 안정을 찾은 듯 보였어요. 담당 의사는 원한다면 약 처방을 받을 수 있다고 했고, 언니는 가족과 의논 후에 약 처방을 받지 않기로 했습니다. 다행히 이전보다 약간 컨디션이 나아진 언니는 얼마 지나지 않아 바로 회사에 취업했습니다.

부모님은 언니를 믿어주고 아낌없이 사랑을 주는 분들입니다. 세대 차이를 느끼기 힘들 만큼 유연한 사고를 하는 부모님이지만, 다만 아버지는 보수적인 편으로 언니나 저와 부딪힌 적이 꽤 있어요. 그렇다 해도 폭력을 쓰거나 심한 말을 하진 않습니다.

제가 생각하기에 우리 가족은 평범한 중산층에 화목한 가정이에요. 대화도 많이 하는데, 특히 언니가 힘들 때는 주기적으로 가족회의를 열었어요. 가족 중에는 유독 언니만 대화가 되지 않아요. 언니는 요즘에도 다른 사람과 교류하지 않고 고립돼 지내는 듯합니다. 극심한 우울증을 호소하던 수년 전처럼 언니의 상태가 악화될까봐 불안합니다.

언니를 바라보는 두려움의 정체

화목한 가족 안에서 누군가 한 사람, 자꾸만 소통을 거부하고 고립돼 있으려는 구성원이 있다면 얼마나 마음이 불편하고 답답할까요. 이런 경우에 다른 가족들은 그 사람을 향해 안쓰러운 마음이면서도, 마음 한편엔 도통 속 이야기를 털어놓지 않는 그 사람에 대한 원망이 오랜 시간 쌓여갈 수 있습니다.

사연 속에 등장하는 언니는 너무나 과민한 사람이네요. 동생이 보기에 매사 우울해 보이고, 때로 '죽고 싶다'는 이야기를 여러 번 내뱉는 언니를 보며 답답함과 안타까움이 계속되었을 겁니다. 그런 언니를 걱정하는 마음과 동시에, 언니가 이런 과민함을 극복하고 가족들과 친밀한 시간을 보냈으면 좋겠다는 기대를 했을 거예요. 동생으로서 언니를 걱정하고 도움이 되고 싶은 마음, 충분히 이해합니다.

다만 저의 의학적인 소견으로 봤을 때 동생분이 걱정하실 정도로 언니는 현재 정신적으로 심각한 상황에 처해 있다는 판단을 하기는 어려워요. 과거에 "죽고 싶다"는 말을 한 데다, 잠시 의학적 도움을 받기도 했지만 이후 금방 회복돼 직장생활까지 하고 있지요. 어려서부터 신발끈을 잘 묶지 못하고 주변 관리를 못하는 것이나 빙글빙글 돌아다녔다는 언급으로는 주의력결핍 과잉행동장애ADHD 증상을 의심해볼 수도 있지만, 실제로 본인이 그 문제로 스트레스를 받고 있는지, 일상생활에 지장을 초래하는지 등이 드러나지 않거든요.

저는 이 사례를 조금 다른 눈으로 보게 됩니다. 다시 말해, 글에 묘사된 언니의 어려움보다는, 언니에 대해 지나치리만큼 문제시 삼고 걱정하는 동생의 모습이 더 눈에 들어왔답니다.

세상엔 다양한 형제자매 관계가 존재합니다. 같은 부모에게 태어나 피를 나눈 관계라 하더라도 경우에 따라 세상에 둘도 없는 친구 같은 사이가 되기도 하고, 남보다 못한 원수지간으로 살기도 하죠. 이 사연에서의 자매 관계는 어떠한가요? '피붙이' '원수' '라이벌' '단짝' 중에 어떤 말로 언니를 설명할 수 있을 것 같으세요?

가정에서는 우애가 깊고 서로를 위해야 한다는 부담감이 존재하지만, 실제 관계에서는 좋아하면서도 싫어하고, 긴밀히 연결되길 바라다가도 때론 다투기도 하며 다양한 감정이 생기게 되죠. 자매 관계에서 한 쪽은 '책임감 있는 사람' 그리고 다른 한 쪽은 '반항아'로 이미지와 역할이 고정되며 각각 지나친 부담감과 소외감 등 심리적 어려움을 겪게 되는 경우가 참 흔합니다.

또한 건강이나 기질, 부모의 기대에 부응하는 정도 등으로 인해 부모의 관심이 한쪽에 치중될 수밖에 없는 상황도 흔하죠. 이때 부모의 애정이나 인정을 두고 갈등과 경쟁이 벌어지며 시기심이나 질투심도 생기기 마련인데, 대부분 그런 감정은 은근하게 억누르길 강요받게 되어 직접 드러내기가 어렵습니다.

사연을 보내오신 분도 성장 과정에서 자매 사이에서 보통 겪는 복합적인 감정을 느껴왔을 거예요. 중학교를 수석으로 입학하고, 서울 상위권 대학을 졸업한 언니를 보며 자랑스러우면서도 한편으로 부러운 감정이나 시기심을 느끼는 것이죠. 주로 언니에게 관심과 걱정이 집중된 부모님에 대해 서운함을 느끼며 살았을 수도 있고요. 하지만 '가족은 서로를 위해야 한다'는 강박관념 속에서 그런 감정을 억압하기 쉽습니다.

사연을 읽으면서 주목한 점도 그 부분입니다. 과거 에피소드를 이야기하며 언니의 문제점을 일일이 열거했지만 그때 동생 본인이 느낀 감정은 묘사하지 않았어요.

나이대로 볼 때 이 자매는 자신과 세상을 탐구하는 성인기 초반을 지나고 있습니다. 제가 강조하고 싶은 건 지금은 자매의 내밀한 문제나 소통하는 문제에 집중하는 것보다, 스스로에게 에너지를 쏟아야 하는 시기라는 점입니다.

사연에서 묘사한 수준의 문제라면, 언니에 대한 관심이 다소 과도한 수준이라는 느낌을 받습니다. 언니에 대한 걱정과 별개로 언니와 소통이 원활하지 않은 점에 대한 원망, 가족 구성원 모두가 긴밀하게 소통해야 한다는 집착과 불안 등이 느껴진다고 할까요. 그 부분에 대해 스스로 인지하고 나면 마음이 한결 편안해질 거예요.

주어를 언니가 아닌 '나'로 바꾸기

자매의 관계를 이야기할 때 중요한 요소가 경쟁심입니다. 학업 등의 성취뿐 아니라 가족 내 관심과 애정에 대해서도 경쟁심이 드는 것이 자연스럽습니다. 언니가 힘들 때마다 주기적으로 가족회의를 하면 표면적으로는 언니가 문제이지만, 동시에 관계 측면에서는 소외감이 들 수도 있는 게 자연스러운 감정입니다.

이러한 경쟁 구도 속에서 상대의 고통이 약점으로 인식되거나, 무의식적으로 약점을 찾기도 하죠. 사연을 보낸 동생분 역시 의식하지 못한 상태에서 언니의 단점이나 약점을 스스로 부각하는 행동을 해왔을 가능성도 있습니다. 언니의 고유 성향일 수도 있는 부분들을 존중하기보다는 하나하나 문제시하게 되는 것이죠.

이런 경우라면 고민의 포커스를 언니보다 본인에게 맞춰보면 어떨까요. 추천하고 싶은 방법은, 문제가 많다고 생각되는 자매를 바라보는 자기 자신의 감정을 읽어보는 거예요. 그 자매와 있었던 사건을 경험하면서 느껴온 내 감정을 기록해보는 겁니다.

'언니는 왜, 자꾸만 그럴까?'가 아니라
'나는 왜, 언니에 대해 불편한 감정을 느낄까?'라고
주어를 바꾼 질문을 스스로에게 던지는 것이 도움이
됩니다.

그동안 상대 자체에 대해 걱정해왔다면 이제부터는 '내 자매의 어떤 측면에 집중하면서 과도하게 걱정하는 스스로에 대한 고민'으로 치환해보세요. 마음의 짐을 해결할 수 있는 새로운 길이 보일 거예요.

혹시라도 언니의 문제들을 확인받고 싶었다면, 방금 제가 제시하는 솔루션이 기대하던 답변이 아니어서 실망스러울 수도 있을 겁니다. 그러나 형제자매 간에 서로 의지하면서 경쟁도 하고, 어느 시점에서 거리를 두고 독립을 추구하는 것은 지극히 자연스러운 성장의 모습이라는 것을 기억하세요. 형제자매의 모습을 바꾸려 하거나 그와의 관계를 바꾸는 것보다 더 중요한 건, 바로 내 마음을 잘 이해하는 것입니다.

인생은 생애주기대로 흘러가지 않는다

—

수많은 직장인들이 일터에서 겪는 고충과 크고 작은 수고로움이 있습니다. 업무의 내용에 따라 각기 다른 이유의 힘듦이 있겠지만, 특히 오래전부터 고통을 호소하는 직장 중에 대표적인 것이 '고객 상담' 업무입니다. 민원 등 여러 고객을 응대하면서 상대방의 큰소리와 날카로운 지적 등에 대처해야 하기에 고객 상담을 담당하는 직원들은 적잖은 스트레스에 시달리고 있습니다. 그 정도가 아주 심할 경우엔 직장을 그만두거나, 정신건강의학과를 찾아 괴로움을 호소하는 경우도 있습니다.

언젠가 제게 고민을 이야기하던 한 직장인도 이 경우에 해당했습니다. 결혼 이후 오래 다닐 수 있는 꽤 안정적인 직장이라 여겨서 어떤 회사의 고객 상담 업무를 맡게 되었답니다. 그런데 예상치 못한 강도의 '감정 노동'을 경험하면서 정신건강의학과를 찾게 될 정도가 되었지요. 주 6일 근무와 잦은 민원으로 스트레스가 극에 달했고, 결국 체중 감소와 불면증 등 신체적인 문제까지 생겼습니다. 더 나은 삶을 위해 선택한 직업인데 생각지도 못한 고통이 시작된 것이지요.

"병원에서 수면제를 처방받았지만 나아지지 않아요. 계속되는 바쁜 업무로 마음은 피폐해지기만 합니다. 업무에 지쳐 병원에 다니는 일상이 제 하루와 한 달, 일 년의 전부가 됐습니다. 워라밸을 지키기 위해 선택한 회사였는데 그 회사가 저를 점점 지옥으로 데려갑니다."

이 직장인도 회사를 그만두고 싶은 마음과, 경제적 풍요를 유지하기 위해 계속 참고 다니는 것, 이 두 가지 갈림길에서 고민하고 있었습니다. 다른 곳으로 이직하기도 쉽지 않은 나이이고, 가족들도 계속 직장을 다니길 바라고 있다는 부연설명도 하면서 말이죠. 지금의 직장이 비록 힘들지만 직장생활을 하지 않는다면 그 때문에 가족들을 더 힘들게 할 거라는 생각에 괴로워하고 있었지요.

돌이켜보면 자라면서 항상 공무원을 꿈꾸었는데, 그 배경에는 자영업을 하며 힘들어하시던 부모님께서 자주 "(누군가로부터) 적은 월급이라도 꾸준히 받았으면 좋겠다" 하고 말씀하셔서 그 영향을 받은 것 같다고 합니다. 늘 바쁜 부모님 밑에서 자란 그는, 대신 언니에게 의지하며 대학교까지도 함께 나왔을 정도로 가깝게 지내왔다고 했지요. 어린 나이부터 스스로 '부모님이 신경 쓰지 않도록 해야겠다'고 다짐해왔고, 대학을 졸업해 취업하고 아이를 낳아 평범한 일상을 사는 정해진 '생애주기'에 맞춰 행복하게 살아왔다고 느꼈지만 이제는 삶이 지옥처럼 느껴진다고 합니다.

타인과의 심리적 거리두기를

어깨에 무거운 짐을 짊어진 사연자의 삶은 아마 수많은 직장인들의 삶과 다르지 않을 거예요. 대학과 결혼 그리고 취업 등 숨 가쁜 노력으로 차곡차곡 쌓아 올린 자기 삶이 새로운 직장이라는, 더 나은 삶을 위한 선택의 기로에서 흔들리고 있는 분들에게 이야기해주고 싶습니다. 이런 어려움을 겪을 땐 자신을 힘들게 하는 근본적인 존재가 무엇인지를 따라가 봐야 합니다. 지금 당장은 새 직장과 과도한 업무가 원인으로 보이지만, 사실 찬찬히 살펴보면 문제는 다른 곳에 있을 수 있거든요.

같은 업무를 하더라도 사람마다 느끼는 스트레스의 정도는 다르기 마련입니다. 괴로움을 토로하던 앞의 직원분도, 고객을 상담하는 업무 자체보다 이 일을 통해서 마주하는 감정이 자신을 괴롭히고 있을 가능성이 큽니다. 특히 평소에 책임감이 강한 편인 사람들은 자신의 이런 책임감을 미덕으로 여기곤 하지만, 때로 지나치면 스트레스로 되돌아오곤 합니다. 자신도 모르게 상담으로 접하는 고객의 문제를 완벽하게 해결해내야만 한다고 여기고 있을지도 모르거든요. 이렇게 생각한다면 고객의 한마디 한마디가 부담으로 다가올 수 있습니다. 고객이 불만을 제시하거나 상담이 제대로 진행되지 않았다고 느낄 때 좌절할 가능성도 크고요.

특히 상담 업무에서는 무엇보다 상대방과 심리적 거리를 두는 것이 필요합니다. 이런 타인과의 '거리 두기'는 성장 과정에서 여러 사람과의 관계를 통해 배우고 또 익히게 됩니다. 이를 위해서는 인간관계에서 자신의 독립적인 목소리를 내면서 타인과의 경계를 설정하는 것이 중요합니다.

일반적으로 부모 혹은 형제자매에게 너무나 깊이 의지하며 자라온 사람은 성인이 된 이후에도 그 영향을 계속 받게 됩니다. 타인에게 영향을 많이 받는 성향일수록 상담 업무에서 고객의 말 한마디에, 혹은 감정 섞인 말투에 더 큰 상처를 받게 될 겁니다.

성장 과정에서 충족되지 않은 의존 욕구는 누군가와의 관계에서 지나치게 좋은 사람 역할을 스스로 맡음으로써 정서적으로 밀착하며 과도하게 기대는 방식으로 작용하기도 하죠. 의존하고 싶어서 오히려 과도한 책임감을 갖게 되고, 책임감을 크게 가졌을 때만 관계가 지속될 수 있다는 인식이 생기는 악순환으로 이어지는 것입니다.

또 한 가지. 자신이 직장을 그만두면 풍족한 가정 경제에 피해를 입히고, 다른 식구들에게 미안해지는 상황을 생각하게 되어 머뭇거리는 경우도 많습니다. 가정을 책임지는 가장으로서는 당연한 고민일 수 있지만, 가족이나 주변을 지나치게 신경 쓰는 모습 자체는 결과적으로도 긍정적일 수가 없습니다.

모든 사람에게 생애 주기가 있다고 하지만, 사실 인간의 삶은 당연히 그 주기에 맞춰 완벽하게 진행될 수 없습니다. 살아가면서 누구에게나 이런저런 갈등이 생길 수 있으니까요. 어떤 갈등이 생겼을 때 이를 정면으로 마주하기보다는 회피하는 편을 택해오거나, 자신의 생각보다는 부모나 형제의 의견을 따르는 쪽으로 살아온 사람이라면 과도한 책임감에서 오는 스트레스에 더 취약할 수밖에 없습니다.

남이 아닌 나를 위한 결정

직장에서 겪는 고통은 어쩌면 지난 삶의 태도가 누적된 결과일지도 모릅니다. 지나친 책임감으로 늘 무거운 짐을 지고 동시에 독립적인 선택 대신 남에게 의존했던 심리적 패턴이 반복된 것이지요. 다른 사람과 거리를 두고 경계를 지으려면 내면의 힘이 필요합니다. 평생을 자신보다는 주변을 신경 쓰며 지냈던 이들에게는 쉽지 않은 일일 수 있습니다.

아주 소소한 것부터
독립적으로 결정을 내리는 연습을 해보세요.

예를 들면 출·퇴근길에 자신이 좋아하는 음악을 골라 듣거나, 집이나 회사의 책상을 본인 스타일로 꾸며볼 수도 있습니다. 취미가 있다면 꼭 남는 시간이 생겨야 시도하는 게 아니라, 취미 자체에 우선순위를 두고 규칙적으로 즐기면서 본인의 감정에 집중해보는 겁니다.

주의할 점은, 이 모든 것에 가족의 취향이나 이득을 고려하지 않아야 한다는 것입니다. 즉 자기만족을 누리는 것이 필요한 거지요. 이렇게 자기 시간을 가지면서 타인과 나 사이에 거리를 두는 겁니다.

주변 사람에게 도움이 되고, 스스로 나서서 무언가를 그들에게 해주는 것보다, 나 자신을 중심에 놓은 뒤 남이 나를 지지하는 관계를 경험해보는 것도 중요합니다. 타인에게 민폐를 끼치지 않으려고 노력하는 관계가 아니라 다른 사람으로부터 도움을 받고 또 당신을 위해서 남이 무언가를 해주는 경험이 반복되면 본인의 소중함을 깨달을 수 있습니다. 스스로 할 수 있는 일도 조금씩 부탁해보거나, 혹은 타인의 도움 요청을 어느 정도 거절해보면서 마음이 불편하고 내키지 않더라도 꾸준히 해보는 것입니다. 본인의 소중함을 아는 일은 업무에서도 힘을 발휘합니다. 고객과의 상담에서 갈등이나 문제가 생긴다고 해도 감정적으로 크게 흔들리지 않을 수 있습니다.

병원 상담을 지속적으로 받았는데도 나아지지 않는다면, 병가나 긴 휴가 등을 통해 보다 치료에 적극적으로 집중해보는 것도 좋겠습니다. 책임감이 과중한 분이라서 혹여 자신이 자리를 비우면 이 업무를 맡을 다른 누군가까지 걱정할지도 모르겠습니다. 하지만 무엇보다 자신의 상황부터 살펴야 합니다. 만약 당신이 회사를 그만두게 되더라도 성장 과정이나 삶의 경험에서 놓쳤던, 본인에게 집중해보는 일은 꼭 필요하다는 점을 명심하세요.

이런 힘을 키우지 않는다면 다른 직장으로 옮긴다고 하더라도 비슷한 문제가 생길 수 있습니다. 고객 상담 업무로 인한 스트레스가 아니더라도 상사와 동료 등 인간관계에서 다른 압박을 느낄 수도 있고요.

직장인이라면 누구나 한 번 이상은 직장을 옮겨야 하는가 고민하는 힘든 시기가 올 것입니다. 예상치 못했던 어려움에 휘말리기도 할 테고요. 하지만 이런 위기가 더 나은 삶을 향한 도약의 계기가 될 수 있습니다. 자신을 찬찬히 돌보면서 남이 아닌 자신에 대한 책임감을 가지고, 또 남이 아닌 자신과의 관계를 회복하는 기회로 삼아보시길 바랍니다.

인간관계를 유독 힘들어하는 사람

—

저는 학창시절 친구 관계를 잘 유지하지 못했습니다. 친구를 사귀는 방법을 알지 못하고 자라서인지 대학에 가서도 친구를 사귀지 못했고, 사회에 나온 지금까지도 마찬가지입니다. 누군가와 관계를 맺거나 갈등상황에서 대처하는 방법을 전혀 모르겠어요. 유치원 시절, 선생님이 자신이 키우는 강아지를 원에 데려온 적이 있었죠. 당시 반 아이들이 모두 책상 주변에 모여 강아지를 구경하고 있었어요. 갑자기 그 강아지가 제 쪽으로 움직였고 당황한 제가 뒤로 물러서자 강아지가 책상 밑으로 떨어져버렸어요. 그 일로 반 아이들이 모두 저를 비난하기 시작했습니다. 부당함을 느꼈지만 아무 말도 하지 못했어요.

이후 따돌림이 시작됐는데 그 따돌림이 초등학교에 가서

도 이어졌어요. 같은 유치원을 다녔던 아이들이 그대로 같은 초등학교로 진학했기 때문이죠. 틀어진 관계를 회복하는 것이 당시 어린 저에겐 너무 어려운 일이었습니다. 그래서 늘 '없는 사람'처럼 조용히 지내는 방법을 택했죠. 반 아이들이 모여 제 외모를 놀릴 때 저는 입을 다물고 자는 척했어요. 체험학습, 소풍같이 야외에서 점심시간에 친한 친구들끼리 앉아 도시락을 먹을 때면 화장실에 들어가 몰래 밥을 먹었습니다.

초등학교를 졸업하고 나서도 비슷했어요. 공부로 관심사가 옮겨가면서 따돌림이 덜하기는 했지만 여전히 저에게 다가오는 친구는 없었습니다. 친구들이 유일하게 말을 건넬 때가 미술시간이었어요. 다른 아이들보다 그림을 더 잘 그린다는 이유로 미술수행평가를 대신 해달라고 하면서 말을 걸어오더군요. 미술수업이 없던 고등학교 2학년 때부턴 아무도 말을 걸지 않았습니다. 불편한 학교생활 때문에 공부에 집중을 할 수 없었어요. 결국 지원한 대학에 모두 떨어졌습니다.

몇 개월간 방안에서 웅크려 지내다가 재수하기로 마음먹고 고시원에 들어갔지요. 돌이켜보면 고시원에서 한 달 10만 원 용돈으로 생활하면서도 즐거웠습니다. 친구를 사귀지는 못했지만 적어도 무리를 지어 나를 놀리거나 악의를 갖고 대하는 사람은 없었으니까요. 완전히 다른 환경에 오니 따돌림이 사라졌다는 사실만으로 숨통이 트이더군요. 그런데 대학 생활도 순탄치 않았습니다. 또래와 교류해본 경험도 없고 일상에서 갈등이 생길 때마다 어떻게 대처해야 할지 몰라 피하기 급급했죠. 대학원에 진학했지만 연구실 선배들과 관계가 좋지 않아 한 한기 만에 휴학한 후 돌아가지 않았습니다. 취업을 했는데 어느 순간 돌아보니 주변인들 모두가 저를 안 좋게 생각하고 있다는 걸 알았습니다. 취업을 하고 몇 달을 버티지 못하고 그만두기를 반복했어요.

집은 화목한 편이 아니었습니다. 부모님이 밤부터 새벽까지 싸우는 날이 많았어요. 늘 몸싸움을 하는 두 분 사이에 끼어들어 싸움을 말렸고, '이렇게 사느니 죽겠다'는 엄마의 말이 현실이 될까봐 늘 두려움에 떨었어요. 제 마음과 달리 엄마는 저에겐 차갑게 대하면서 동생만 챙겼습니다. 언젠가 담임 선생님이 엄마에게 제가 학교에서 따돌림을 당하고 있다고 알리자, 엄마는 오히려 "네가 더 친해지려고 노력해야지"라며 제 탓을 했죠. 아빠는 주말에도 나가는 일이 많아 특별한 기억이 없어요. 결국 부모님은 이혼하셨습니다. 어느 날 갑자기 사라진 엄마 흔적을 보고 얼마나 울었는지 몰라요.

어린 시절 또래 집단과의 관계, 가족 간의 불행했던 과거가 아직도 발목을 잡고 있습니다. 대학 졸업 후 10년이 넘었는데 아무것도 이룬 게 없고, 30대가 됐는데 연락할 사람 한 명 없다는 게 너무 허망하고 자괴감이 듭니다. 유일한 즐거움은 인터넷 개인방송을 볼 때예요. 그마저도 제 의견을 채팅창에 썼다가 다른 사람들이 비난할까봐 두려워 의견 한 줄 써본 적 없습니다. 이런 제가 앞으로 어떻게 사람들과 관계를 이어가면서 평범하게 살 수 있을까요.

불행한 과거가 발목을 잡을 때

상담을 하다 보면 학창시절에 왕따를 경험한 내담자들을 많이 만납니다. 특정한 기간 동안만 왕따를 경험한 사람도 있지만, 위의 사연처럼 너무나 긴 시간 동안 친구 한 명 없이 그 시절을 보내던 이들도 있습니다. 덩그러니 혼자 남겨진 외로움과 슬픔이 얼마나 컸을까요.

인간관계를 유독 힘들어하는 사람들이 있답니다. 우선 그 시작이 학창시절의 따돌림이었다면, 분명 이에 대한 잘못은 부당하게 한 영혼을 괴롭힌 주변 친구들에게 있을 테죠. 악의적으로 대하는 상대를 두고 "내가 더 노력해야지"라고 생각할 수는 없답니다. 왕따의 당사자는 이 상황에서만큼은 전혀 잘못이 없습니다. 그 아픈 시간 동안 느꼈을 억울함과 답답했을 감정을 충분히 이해합니다. 더군다나 사연의 주인공처럼 가장 가까운 가족으로부터도 어떤 도움이나 지지를 받지 못했다면 더욱 고통스럽지요. 상황을 바꾸지도, 감정적인 지지를 받지도 못한 채 학창시절을 보낸 무력감이 얼마나 크겠습니까.

왕따를 당하던 지난날을 회상하면서 많은 아픔의 주인공들은 그때의 경험을 아주 자세하고 생생하게 표현합니다. 힘든 상황을 겪으면서 자신이 무슨 생각을 했고, 어떻게 반응했으며, 어떤 감정을 느꼈는지를 상세히 기억하고 설명하지요. 그런 이들을 보며, 자신의 생각과 감정을 섬세하게 알아차리고, 사회적으로 만족스러운 생활을 할 능력이 있는 사람이라는 걸 알 수 있어요. 지금 겪고 있는 문제 역시 충분히 극복할 수 있을 것이라고 긍정적인 기대도 하게 되고요. 그러기 위해선 고통스럽더라도 도망가선 안 됩니다. 트라우마로 인한 후유증은 비슷한 상황을 회피하지 않는 것만 해도 절반 이상 성공이니까요.

어린 시절 친구들이 놀릴 때 자는 척을 하거나 없는 것처럼 지냈다고 회상한 사연자처럼, 아픈 경험을 가진 이들은 성인이 되어서도 인간관계의 어려움을 여전히 겪고 있을 가능성이 큽니다. 부당한 일을 당하면 경계를 긋거나 부정적인 감정을 표현해야 하는데 이들에겐 그 일이 결코 쉽지 않습니다. 이성적으로 생각하면 문제 상황을 직면하고 해결하는 것이 좋은 방법이지만 그 전에 상황을 감당하는 고통을 너무 크게 느껴 그 고통을 피하는 것이 낫겠다는 결론에 이르게 되죠. 흔히 '회피형 성격'이라고 부르는 유형이 그렇습니다.

이러한 회피적 성격 특성을 갖게 된 건 기질적인 원인도 어느 정도 있을 겁니다. 기질적으로 자신의 마음을 잘 표현하고 적극적으로 행동하는 사람도 있지만 정반대의 사람도 있으니까요. 기질적으로 섬세하고 내향적인 사람은 타인에게 생각을 드러내고 주장을 강하게 하는 데 능숙하지 않아요. 내 주장에 대해 상대가 약간의 불편함을 지니더라도 그것에 지나치게 이입되거든요. 타인과 소통하기 위해서는 내 생각을 정확히 표현해야 하는데 이게 쉽게 되지 않으니 관계를 형성하는 데도 어려움을 느끼기 쉽습니다.

하지만 섬세하고 내향적인 사람이라고 해서 다른 사람과 잘 지내는 능력, 다시 말해 사회성이 없는 건 아니에요. 노력을 통해서 타인과 소통을 하고 마음을 나눈 경험이 쌓이면서 가까운 관계를 형성해갈 수 있습니다. 그러나 유독 사회성 발달이 잘 형성되지 못한 사람도 분명 그 이유가 있습니다. 인간이 사회적 관계를 형성할 때 그 기초가 되는 것은 성장과정의 정서적 상호작용입니다.

수치심을 다스리는 방법

앞의 사연을 볼까요. 주인공은 부모님 두 분과 감정교류가 꽤 부족해 보입니다. 어머니에 대해 강한 서운함을 느끼면서 본인 또한 전혀 내색하지 않았고, 아버지와는 어떤 감정적인 교류도 없었지요. 사회성은 가장 가까운 가족 간의 관계에서부터 후천적으로 배워가는 과정인데 주인공은 그러지 못했던 것 같아요. 가정에서조차 나 자신을 인정받고 긍정적인 인간관계를 경험한 적이 별로 없었던 거죠. 부모님에게 서운한 감정을 크게 느끼면서도 상대가 알아차릴까 두려워 입을 다물어버리는 식의 경험들이 반복되면서 내면의 갈등을 처리하는 방법도 배울 기회조차 갖지 못했어요.

이후의 삶에서도 얼마든 관계를 개선할 방법을 접했어야 하는데, 오랫동안 긍정적인 인간관계를 경험하지 못하면서 인간관계를 곧 '수치심'이라는 부정적인 감정과 연결 짓고 말았습니다. 그러면 어떻게 될까요? 상대방이 전하는 표현 방식이 나를 비난하듯 여겨지고, 금세 부끄러운 마음으로 이어지는 패턴이 자리 잡게 되는 겁니다. 타인의 태도에서 긍정적인 신호보다 부정적인 신호를 먼저 감지하기 때문에 그럭저럭 나쁘지 않은 인간관계라 할지라도 좋은 관계로 인식하지 못하게 되는 것이죠.

그럴수록 오히려 이상적으로 완벽한 인간관계를 기대하게 되고 역시 더 상처를 받게 됩니다. 긍정적인 경험을 쌓지 못한 상태에서 인간관계에 대한 기대치가 높아지다 보니 오히려 더욱 관계를 피하는 악순환이 계속 이어지는 식이지요.

회피적 패턴은 스스로 자신의 취약한 점을 알아차리고 노력하면 후천적으로 나아질 수 있습니다. 관계에서의 갈등 상황에 처했을 때 먼저 피하고 싶은 생각이 들 수 있어요. 자기주장을 하고 싶거나 화나는 감정을 느낄 때, 이유 없는 수치심이 우선 느껴지면서 자기주장이나 부정적인 감정 표현과 관련된 행동을 억누르는 회로가 작동하게 됩니다.

바로 그때, 그 상황에서 일단 멈춘 채로 견뎌보세요. 어떤 대단한 행동을 하지 않아도 됩니다. 성급히 괜찮은 척 웃으며 무마해버리거나 피하지만 않는 거죠. 동시에 수고했다고 스스로 다독여주세요. 평소에도 자신을 돌보고, 존중하고, 자신의 욕구에 주의를 기울이세요. 좋은 부모를 경험하지 못했지만, 이제 스스로에게 좋은 부모가 되어주세요.

그런 경험을 늘려나가면서 소수의 사람과 유대감을 쌓으면 뿌리 깊게 자리 잡고 있던 수치심이나 공포 같은 감정이 조금씩 줄어들 거예요. 긴 인생에서 누군가의 곁에 가까이 다가가 있는 따뜻한 경험을 분명히 하게 될 것입니다.

딸은 왜 계속 멀어져갈까

—

모든 부모는 자식이 성인이 되더라도 부모로서 역할을 다
하기 마련입니다. 그만큼 부모와 자녀의 관계가 정서적으
로 끈끈하게 연결돼 있다는 것이죠. 그런 자녀가 마음의 어
려움을 토로할 때, 그것을 부모의 탓으로 돌릴 때 부모의
마음은 얼마나 힘들겠습니까. 자녀의 문제가 내 탓인 것 같
은 죄책감이 밀려들고 하루빨리 바로잡고 싶다는 조급한
마음이 생기기 마련입니다.

세상에 완벽한 부모는 없습니다. 당연히 자녀에게 생기는
문제가 오직 부모 탓만은 아니지요. 다만 부모는 자식에게
절대적인 영향을 미치는 사람이기 때문에 부모가 자식에
게 끼친 영향을 면밀히 살펴볼 필요가 있습니다. 자녀의 인
생에서 부모를 비롯한 중요한 사람들과의 관계에서 경험

한 것들이 지금의 성격이나 문제해결 방식에 영향을 줄 수밖에 없기 때문입니다.

"제가 남편 없이 아이를 키우다 보니 초초한 마음에 아이를 닦달하고 옥죄었던 것 같습니다. 나중에 딸이 어린 시절을 회상하는 말을 듣고 깨달았어요. 한없이 착하고 순했던 딸은 고등학교에 가서 반항을 시작했습니다. 대학을 다른 지역으로 가면서 반항심이 하늘을 찔렀어요. 어린 시절 학대를 당했다고 울부짖고, 본인이 엄마의 감정 쓰레기통이었다며 억울해했습니다. 대학 시절 상담을 받고 '애정결핍'이라는 말을 들은 후로는 모든 것을 엄마 탓으로 돌렸습니다."

최대한 보듬으며 다가가려 하지만 폭주하는 딸을 보며 무력감을 느끼는 한 엄마의 호소입니다. 성인이 된 딸은 엄마에게 사랑을 못 받고 컸다며 매일 불만을 터뜨립니다. 이 어머니도 너무나 호되게 자식을 대했던 자신의 엄마에 대한 트라우마로 인해, 나는 절대로 그런 엄마가 되지 않겠노라 다짐했지만, 결국 딸에게 이런 말을 듣게 된 엄마가 된 것이지요.

딸은 엄마 보란 듯 무기력하게 하루를 보냅니다. 하루 종일 침대에서 생활하고, 잠시간의 알바를 하다가도 곧바로 그만둬버리는 등 사회에도 적응하지 못했지요. 자신의 진로에도 일절 관심 없다는 태도로 일관하는 딸은, 그저 자신의 잘못을 느끼기보다는 엄마 탓, 환경 탓만 하며 시간을 보냅니다. 엄마도 어린 시절 자신에게 엄격했던 친정엄마에 대한 트라우마가 있었기 때문에 딸에게 그런 엄마가 되지 않으리라 다짐했지만 쉽지 않았습니다.

"저는 평소 진실성 없는 사람들을 극도로 싫어했습니다. 내가 진정 마음으로 좋아하는 사람들에겐 진심을 다하고, 소수의 사람들은 저의 이런 마음을 알아주고 인정해주는 편이에요. 내 진심을 몰라주는 딸에게 어느 날은 '내가 죽어야 마음을 알아주겠냐'라고 했어요. 그러자 딸은 '죽지도 못할 거면서'라며 소리를 지르더군요. 그런 딸을 볼 때마다 무력감을 느끼지만 그대로 두면 딸이 미래를 포기해버리는 게 아닐까 걱정이 됩니다."

반항은 도와달라는 신호

앞의 사례에서도 자식을 걱정하기에 앞서, 그보다는 어머니인 자신을 먼저 들여다보는 게 순서인 듯합니다. 사연을 이야기한 어머니는 어린 시절, 그 부모와의 관계에서 아쉬움을 느끼며 성장한 것 같아요. 딸로부터 '애정결핍'이라는 말을 들었던 것처럼, 이 어머니 역시 딸과 비슷한 상황에서 성장했을 겁니다. 내 존재 자체를 인정받지 못하고 거절당할지 모른다는 불안감이 쌓이다 보면 타인에 대한 신뢰감을 형성하기가 어려워집니다. 타인과의 관계에서도 남들보다 쉽게 불안과 긴장을 느끼고, 그러다 보니 오히려 이상적인 관계에 대한 환상을 키우기도 하지요.

이분은 인간관계에서 진실성이 없는 사람을 극도로 싫어한다고 말하지만, 사람은 완벽한 존재가 아니기 때문에 누구나 어느 정도의 이중성을 갖고 있고, 때로 이해관계에 따라 행동하기도 합니다. 그럼에도 '100퍼센트 진실'이라는 엄격한 잣대에서 사람을 이상화하고, 기준에 맞지 않으면 선을 긋는 모습을 보입니다. 사람을 통합적으로 판단하고 받아들이는 데 어려움을 느끼고 있다는 방증입니다. 이상적인 관계에 대한 기준이 높기 때문에 사람에 대해 느끼는 다양한 감정을 받아들이는 데 어려움이 있고, 한번 불편한 감정이 생기면 오래 지속되는 것이죠.

딸이 왜 멀어졌을까요. 부모에 대한 신뢰와 사랑은 존재 자체를 인정받고 정서적으로 편안함을 느끼는 과정에서 자랍니다. 자기 자신을 사랑하고 긍지를 갖기 위해서는 생애 처음으로 만난 타인, 즉 부모로부터 인정받고 지지를 받아야 하죠.

자식을 키우는 양육 자체에 책임감을 느끼고 최선을 다하느라 애썼지만, 막상 자녀의 내면을 있는 그대로 이해하고 수용하는 데 부족함이 있었을지 모릅니다. 말로는 자기 자녀를 이해하고 싶다 하면서도 실제로는 완벽하고 이상적인 부모자식 관계를 요구하면서 오히려 자녀를 통제하는 식으로 흘러왔을 수도 있습니다.

그럴 때 자녀는 어떨까요. 엄마의 마음을 알아서 헤아리기보다는 그런 패턴이 반복되는 것 자체에 압박과 괴로움을 느끼게 됩니다. 엄마가 내 마음은 몰라주면서 지나치게 많은 것을 요구하고 바라고 있다고 생각할 거예요. 정서적인 결핍을 느낄 때 제대로 지지해주며 채워줄 사람이 없었고, 은연 중 엄격한 통제 속에서 자라왔다면 아이는 성인이 돼서도 독립을 이루기가 쉽지 않습니다.

힘든 일이 있을 때 부모에게 솔직히 털어놓으며 의논하지 않고 반항적인 태도를 보이게 될 수도 있습니다. 어쩌면 그런 모습이 겉으로 보기에 독립심이 강한 것처럼 보일 수도 있지만, 속을 들여다보면 오히려 정반대의 상황일 가능성이 큽니다. 사춘기 때부터 성인이 된 지금까지도 속으론 두렵고 불안하고 자신의 마음을 잘 몰라주는 부모에게 여전히 화가 나 있을 테니까요.

정서적 지지는 사춘기뿐 아니라 성인기 자녀와의 관계에서도 중요합니다. 사연을 보면 딸이 진로에 관심이 없기 때문에 부모가 개입해야 한다는 생각을 갖고 있으신데, 이는 지극히 부모의 기준에서 아이를 보는 거예요. 진로에 관심이 없어야 부모에게 보복한다는 느낌일 수도 있고, 진로에 관심을 가지기에는 안정적인 자아 형성이 충분히 이루어지지 않았을 수 있습니다. 어찌되었든, 지금 중요한 것은 정서적인 기반이 취약한 딸을 보다 편안하게 지지하고 지켜봐주는 겁니다.

자녀에게 삶의 통제권을 넘겨라

끊임없이 '애정결핍'을 이야기하는 것은 자식이 부모에게 보내는 일종의 신호입니다. 자녀의 부족한 면을 부각하거나 부모가 계속 걱정한다는 표현을 하기보다는, 무조건적인 지지를 보냄으로써 지나치게 높아진 불안을 낮춰주는 것이 중요합니다.

실제로 상담과정에서 듣는 '애정결핍'이라는 흔한 용어에 크게 놀라는 경우가 적지 않은데, 놀란 가슴을 위로해주는 것이 먼저입니다. 성인이 된 자녀와의 관계나 친밀감 그 자체에 지나치게 집중하는 것은 부모 또한 자식을 독립된 인격체로 인정하지 않고 있다는 증거이기도 합니다. 부모 역시도 본인이 채워지지 않은 의존욕구 때문에 힘들어할 때에는, 머리로는 자녀의 독립을 원하지만, 무의식적으로는 독립하지 않고 내 곁에 머물길 바라며 그들의 삶을 여전히 통제하고 싶은 욕구가 여전히 강할 수 있습니다.

시기적으로 보았을 때 자녀가 독립된 인격체로 성장해야 할 중요한 시기를 지나고 있다면 때맞춰 부모도 중년이라는 힘든 시기를 지나고 있는 경우가 많습니다. 흔히 이야기하는 '중년의 위기'가 딸이 정서적으로 독립하는 시기와 맞물리면서 내면의 불안이 증폭된 측면도 있습니다. 이 시기에 흔히 성장과정에서 겪었던 부모와의 갈등이 자녀와의 관계에서 재현됩니다.

이 사연에서 가장 중요한 핵심 갈등은 무엇일까요? 자녀에 대한 부모의 사랑이 부족하거나 자녀의 능력이 부족해서 생긴 문제가 아닙니다. 독립된 인격체로 단단한 토대를 이루는 과업이 사춘기 시절 제대로 이뤄지지 않았기에 이것이 성인기까지 영향을 미쳐 정체돼 있는 것입니다. 자녀를 정체하게 만드는 데 부모의 미해결된 무의식적 갈등이 동시에 작용하고 있는 것이고요.

부모 자식 간의 힘의 균형에서 부모가 우위를 점하던 과거 패턴에서 벗어나야 합니다. 자녀에게 삶에 대한 통제권을 온전히 넘겨주고, 무조건적인 지지를 보여주는 것이 그래서 중요합니다. 하지만 사연자처럼 부모가 무의식적으로 자신의 지나온 삶을 돌아보며 마음이 복잡해져 오는 것을 경험할 겁니다.

그런 감정 에너지가 딸에 대한 걱정 또는 딸과의 관계에 대한 집착으로 향하지 않도록 하려면, 주변에서 믿을 만한 사람들의 지지를 바탕으로 오롯이 자신에게 집중하며 내 삶의 의미를 재정립해야 합니다. '중년의 위기'를 슬기롭게 극복하는 가장 확실한 방법이죠. 예술, 운동, 독서, 여행 등의 취미 활동이나 봉사 활동을 시작하는 것은 그것 자체도 의미가 있고, 그 과정에서 새로운 지지 관계를 형성하는 방법이 되기도 합니다.

부모가 먼저 변화해서 내 자녀가 편안하고 건강하게 성장하는 과정에 대해 응원하는 모습을 보여주세요. 그래야 자녀 역시 한 사람의 인격체로서의 삶을 시작할 수 있습니다.

밖으로 향한 안테나를 나에게로

—

대화가 거의 없는 남매지간을 주위에서 흔히 보게 됩니다. 성인이라면 대부분의 경우 이런 특징들이 문제될 것은 없겠지만, 성격의 차이와 부모와의 관계, 자라오면서 겪게 된 여러 경험들로 인해 대화가 단절된 남매 사이라면 충분히 고민거리가 될 수 있습니다.

20년 넘게 친오빠와의 대화가 단절되어 상담을 청하던 한 여성분이 있었습니다. 지금은 두 남매 모두 서른이 넘은 나이지만 오빠의 존재가 아직까지도 이분에게는 스트레스로 자리하고 있던 거지요.

이 여성은 과거에 오빠로부터 두어 번 맞은 기억이 있고, 힘이 센 오빠를 상대로 아무런 대응을 할 수 없다는 사실이 너무 화가 났다고 합니다. 어릴 적부터 우애 있는 남매로 지내기엔 성격도 정반대였다고 말하더군요. 외향적인 자신과 달리 오빠는 무척이나 내성적인 성격으로 늘 집에 틀어박혀 있었고, 중고등학생 때는 방구석에서 게임에만 빠져 살았죠. 오빠를 향한 부모님의 분노와 오빠의 반항으로 인해 집안은 늘 전쟁터였습니다. 아버지는 종종 큰소리로 오빠를 혼내면서 체벌도 하였고, 동생인 이 여성도 오빠 때문에 늘 험악해진 집안 분위기에 치를 떨며 살았다 하네요. 고함이 오고가는 집에서 빠져나와 엉엉 울면서 등교하던 이 동생은 '오빠만 없어지면 모든 게 편해질 텐데'라는 생각마저 들곤 했습니다.

"저는 부모님과 관계도 원만한 편이었고, 교우 관계에서도 별문제 없이 살아왔습니다. 남에게 의존하는 걸 좋아하지 않고 독립적으로 살고 싶어 하는 편입니다. 미리 세운 계획이 틀어지는 걸 극도로 싫어하기도 하고요. 그래서인지 때론 주변에서 인정이 부족하다는 말을 듣기도 합니다. 별 탈 없는 삶을 살아왔는데 그런 제 삶에 있어서 가끔은 오빠라는 존재가 너무 큰 오점으로 자리하고 있다는 생각이 들기도 했어요."

성인이 된 후에도 사회에서 자리 잡지 못하고 공무원 시험에서 계속 낙방하던 오빠는 여전히 부모님의 골칫거리가 되었지요. 하지만 여성은 그런 부모님을 바라보면서도 "부모님의 감정을 어루만지고 싶은 생각도 들지 않았어요"라고 말합니다. 지금껏 오빠와의 관계는 예전과 똑같습니다. 결혼하여 가정을 이룬 터라 늘 바삐 살고 있지만, 어쩌다 오빠를 보게 되어도 꼭 해야 하는 말 외엔 대화가 아예 없고 눈도 마주치지 않는다고 합니다.

"부모님도 언젠가는 노쇠해지실 테고 자식들의 도움이 필요한 때가 오겠죠. 그러면 여태까지 수면 아래 잠겨 있던 갈등이 떠오를 거란 생각이 듭니다. 오빠와 관계를 회복하고 싶은 생각은 별로 없습니다. 이렇게 서로 있는 듯 없는 듯 지내는 것이 속 편한 것 같아요. 제가 바라는 건 단 하나입니다. 가족관계에 큰 갈등이 없었으면 하는 것인데요. 계속 이렇게 살아도 괜찮은 것일까요?"

남매는 왜 20년 넘게 대화하지 않았을까

이 여성은 오빠와 이렇게 계속 지내도 될지 물었지만, 이처럼 현실적인 문제의 이면에는 자신의 내면에 감정적인 갈등이 더 중요하게 자리 잡고 있는 경우가 많습니다. 이분에게 가장 핵심적인 갈등은 무력감이 아닐까 합니다. 내 힘으로는 어떻게

든 해결하거나 돌파하거나 또는 빠져나올 수 없다고 느끼는 감정이죠.

어렸을 적 오빠에게 두어 번 맞은 적이 있다고 했는데, 그때부터 강한 무력감을 느꼈을 겁니다. 신체적으로 우세인 오빠에게 맞으며, 또한 오빠로 인해 전쟁터와 같은 가족 분위기를 경험하며 내 힘으로는 이런 상황에서 빠져나올 수 없는 마음을 경험했을 거예요. 어렸을 때 무력감을 크게 느낀 분들은 성인이 되고 난 뒤 그런 상황을 방지하기 위해 하나하나 조심하거나 치밀하게 계획하는 성향이 되기 쉽습니다. 계획이 틀어지는 걸 극도로 싫어하는 성격도 이와 관련될 수 있습니다.

오빠에 대한 부정적 감정이 다른 관계에도 영향을 미칠 수 있는데, 우선 오빠와 관련된 복잡한 감정을 먼저 이해해보는 게 중요합니다. 무엇보다도 자신의 마음이 괴롭고, 앞으로도 다른 사람과의 관계에서 이런 감정으로 인해 어려움이 생길 수 있기 때문입니다.

오빠와 비슷한 성향의 사람, 그러니까 자신과 정반대의 성격을 가진 사람을 언제 직장이나 사회에서 만날지 모릅니다. 그런 사람을 너무 부정적으로 보다 보면 그 사람과의 관계에서 문제가 생기거나 스스로 받는 스트레스가 지나치게 커질 수 있거든요. 자녀를 키우고 있다면 그 자녀가 성장하면서 본인이 싫어하는 성향이나 성격, 행동방식이 나와서 갈등이 생길 수도 있고요.

그런 걸 이해하고 수용하기보다 지나치게 통제하려 하거나 회피하려 한다면 갈등의 악순환이 일어날 가능성도 있습니다.

오빠에 대한 감정 중에는 오빠가 영향을 끼친 가족 분위기에 대한 원망도 있을 겁니다. 10대 시절 아버지가 오빠를 혼내는 걸 보면서 두려웠을 수도 있고 짜증이 났을 수도 있지요. 오빠에 대한 직접적인 감정뿐만 아니라 부모가 오빠를 어떻게 대하는지에 대한 나의 감정, 부모의 영향을 받아 오빠를 바라보는 나의 감정까지 함께 살펴보면 도움이 될 겁니다.

이분의 성향 중 일부는 부모님과 오빠의 관계에서 영향을 받았을 수 있어요. 형제가 부모님의 말을 듣지 않고 말썽을 피우니 부모에 대해 연민이 들 수 있지요. 그러니 '나라도 엄마 아빠에게 잘해야 한다'는 생각으로 더욱 성실하게 사는 경우가 참 많습니다. 혹은 형제가 부모님에게 혼나는 모습을 보며 타산지석으로 삼아 모범적으로 살게 될 수도 있고요. 알아서 잘 하니 칭찬을 받기보다는 당연한 게 되고, 오히려 문제가 되는 오빠는 계속 부모의 관심을 받는 느낌을 가지게 됩니다.

소외감으로 인해 무의식적으로 부모의 관심을 갈구하게 되고 그런 억울한 마음이 오빠를 마주할 때마다 스멀스멀 올라올 수 있어요. 부모님이 노쇠해 자식들의 도움이 필요할 때가 되면 나 몰라라 할 것 같은 오빠에 대한 우려가 있는 듯 보이지만, 더욱 핵심은 그런 상황에서 내가 또다시 경험하게 될 억울한 마음일 겁니다.

　형제자매로부터 경험한 무력감과 여러 부정적 감정을 복합적으로 갖고 있다 보면 자연스럽게 초점이 가족으로 맞춰질 수 있습니다. 하지만 그보다는 스스로의 정서적 안정감, 심리적 건강을 우선시해야 합니다. 이 여성분의 경우, 가족과 함께 있을 때 안테나는 상당 부분 오빠에게 가 있을 가능성이 커요. 오빠의 반응에 신경을 곤두세우고 가족 내 분위기를 살피게 될 텐데 그럴수록 악순환이 지속될 겁니다. 자기 자신을 놓치기 때문이에요.

　오빠 때문에 불편한 감정, 그런 나의 감정을 또 부모님이 신경 쓸 것 같아 걱정이 된다는 마음이 우선 있을 테고, 내가 행동을 하든 하지 않든 그에 대한 오빠의 반응이 있을 테니, 이렇게 얽히고설킨 여러 생각과 감정이 오가겠지요. 그럴 때마다 연쇄적으로 '지금 내 감정은 어떠한가' 하며 밖으로 향해 있는 안테나를 돌려, 자기감정에게 집중시키는 연습을 꾸준히 해보는 게 좋습니다.

　오빠와 관련해서 경험했을 가능성이 있는 또 다른 감정은 배신감입니다. 신뢰가 바탕이 돼야 할 가족 구성원에게 신체적 폭력을 당하고 제압당하는 과정에서 느끼는 배신감은 굉장히 뿌리가 깊어서 다른 사람과 관계를 맺을 때도 큰 영향을 주게 됩니다. 상대가 배신하거나 믿음을 저버릴지 모른다는 생각에 깊이 신뢰하지 못하게 되고, 거리를 두다 보면 별문제는 없어도 때론 인정이 부족하다는 말을 들을 수 있으니까요.

회피 패턴을 끊어버리기

앞서 자신을 독립적인 성향이라 소개하였는데, 이런 독립적인 성향은 타인을 의지할 만큼 신뢰하지 못하고 배신당할 수도 있다는 경계심과 두려움 때문에 생긴 반의존적인 표면적 독립심일 수 있습니다. 또한 오빠에게 경험한 불신감을 더 깊은 신뢰감으로 보상받기 위해 부모님에게 정서적으로 더욱 의존했을 수도 있고요. 그래서 부모님의 마음에 지나치게 감정이입하게 되니 오히려 오빠에 대한 부정적 감정도 덩달아 더욱 악화됐을 수 있습니다.

이런 성향과 경험을 가진 분들은 무력감을 보상하려고 가급적 많은 것을 자기의 통제 안에 두고 싶어 하는 것 같습니다. 성장기에 자신의 힘으로 해결할 수 없는 스트레스 상황이 지속되는 과정에서 불안감과 무력감을 크게 경험하면, 자신의 삶을 스스로 통제하지 못한다는 느낌을 강하게 받습니다. 그 고통과 상처는 꽤 커서 그런 통제 불능의 상황이 다시는 일어나지 않도록 불확실성을 미리 방지하고자 지나치게 많은 것들을 미리부터 통제하려 하죠.

이 점이 자신뿐 아니라 타인과의 관계에 대한 부분으로 이어지면 상대방이 자신이 기대하는 대로 행동하길 은근히 바라게 되니 더 문제가 생깁니다.

> 내 기준과는 별개로 상대방의 주관과 의지가 있고,
> 그건 내가 통제할 수 있는 영역이 아니란 사실을 항상
> 염두에 둬야 해요.

비슷한 경우 중에, 특히 아이를 대할 때 이런 점을 명심해야 합니다. 아이가 성장해가면서 점차 자기주장이 나올 텐데, 이때 부모가 지나친 무력감을 경험하면서 아이를 방치하듯 지나치게 거리를 둔다거나, 혹은 반대로 강압적으로 대할 가능성이 있기 때문입니다. 그러면 무력감이 또 자녀에게 대물림되기 쉽습니다.

실질적 해결책을 찾기 전에 이런 복합적인 상호 영향과 그로 인한 감정을 잘 이해하는 것이 좋겠습니다. 오빠와의 문제에 가까이 다가가면 갈등이 커지고 괴로워지니 미리 거리를 두거나 회피하려 하는 패턴이 아마도 오래됐을 겁니다. 타인과의 관계에서도 일부분 비슷한 패턴을 계속해왔을 가능성이 높을 듯하네요. 이제 그런 회피의 패턴을 끊고 조금씩이라도 직면하는 연습을 해볼 필요가 있어요. 물론 당장 바꾸기는 쉽지 않을 테니

자신의 감정을 잘 헤아리면서 조심스럽게 진행해야 합니다.

고민을 털어놓은 이 여성분처럼, 갈등관계인 형제 혹은 남매와 관련된 복잡한 감정들을 적절히 다룰 수 없는 상황에서는 회피 패턴이 강화될 수밖에 없습니다. 이분 또한 가족을 넘어 다른 삶의 영역에서도 비슷한 패턴에 익숙해졌을 수 있습니다. 회피하다 보면 당장은 상처로부터 안전할 수 있지만 다가가고 소통하는 것에 대한 두려움은 오히려 강해지고, 삶의 영역이 더욱 제한되게 됩니다.

여성분에게 마지막으로 조언을 드리자면, 오빠와 만나거나 통화를 하는 것보다는 문자 메시지나 SNS 댓글 등을 통해 조심스럽게 조금씩 시도해보면 어떨까요. '생각보다 괜찮구나' '갈등이 생기더라도 엄청나게 큰일이 일어나진 않는구나' 하고 깨닫게 되면 점점 선순환이 될 겁니다. 우선 순간순간 자신의 감정을 헤아린 뒤에 천천히 한 발자국씩 내디뎌본다면, 비단 가족과 관련된 갈등뿐 아니라 다양한 삶의 영역에서 제한된 부분들이 풀려나갈 것입니다.

누구에게나 어려운 부모 되기

—

몇 년 전 결혼해서 아직 아이가 없는 여성의 이야기입니다.
좋은 남편을 만나 안정적인 가정을 꾸리고 이제 예쁜 아기
를 낳아야 한다는 계획도 세웠습니다. 그런데 시간이 갈수
록 자신이 정말로 엄마가 될 준비가 되어 있는지에 대해
의구심이 든다는 것입니다. 벌써 가임기 기준으로 젊은 나
이가 아닌데도 출산을 미룰 수 있다면 최대한 미루고 싶은
마음이라 말합니다.

"사실 저는 어려서부터 비혼주의자였습니다. 부모님, 특히
아버지에게 문제가 많았기 때문에 결혼과 출산은 여성의
인생에 있어서 돌이킬 수 없는 족쇄라고 생각했습니다. 돈
벌이와 가사를 전담하는 어머니와 달리 아버지는 기본적인
경제생활도 거의 하지 않은 채 늘 도박, 바람, 폭력을 일삼

았습니다. 아버지는 어린 자식들 앞에서도 어머니를 때리거나 목을 조르는 등의 심한 폭력도 서슴지 않았거든요."

그녀의 어머니가 아버지에게 매일 맞고 홀로 뼈 빠지게 일하면서도 헤어지지 못한 건 자식을 낳았기 때문이라 생각했고, 실제로 과거에 어머니는 수시로 "너희 때문에 산다"는 말을 버릇처럼 달고 사셨다고 합니다. 즉 그녀가 보기에 자기 어머니는 불쌍한 사람, 자식 때문에 피해 보는 사람, 그리고 자신이 아무리 어렸어도 도리어 엄마를 보호해줘야 할 정도로 어머니는 어리석은 사람으로 보였던 거지요.

남편을 만나 결혼 후 한차례 임신이 되었지만 초기에 태아의 상태가 좋지 않아 유산하게 되었고, 그러자 '엄마가 되어 인생이 바뀌기 전에 지금 하고 싶은 것을 다 해봐야지' 하는 마음이 생겼다 하네요. 동호회에 나가 취미 활동도 하고, 20대인 회원들과 어울리며 평소엔 관심 없었던 미용과 패션에 적잖은 돈을 쓰기도 하면서 출산은 차일피일 미루기만 했습니다. 당연히 서운해하는 남편과 갈등이 생길 수밖에요.

남편에게는 말하지 못했지만, 자신이 엄마가 될 자격이 있을지 고민하고 있다고 합니다. 임신을 회피하고, 나이를 부정할 정도라면 아이를 원하지 않는 건 아닐까 하고요. 그러면서도 아이를 낳으려는 자신이, 자격이 없으면서도 자식을 낳아서 피해를 준 아빠와 닮은 것 같아서 괴롭다고 합니다. 어렸을 때는 아빠와 닮은 남자를 만날 것 같아 비혼주의를 꿈꿨는데, 결혼하니 자신이 아빠 같은 사람이 돼서 남편과 가족에게 피해를 줄 것 같다고 말하는 그녀였습니다.

"평행우주가 존재해서 두 명의 제가 있었으면 좋겠습니다. 한 명은 현재의 남편을 만나 귀여운 아이를 낳고 성실하게 일과 가정을 일구는 평범한 아줌마로 살아가고, 다른 한 명은 직장을 다니면서 하고 싶은 것을 다 하는 자유로운 여자로 살았으면 좋겠습니다."

의존과 독립 사이에서 균형을

섬세하고 감정이입을 잘 하는 성격을 가진 사람은 타인의 감정을 세밀히 받아들이고 쉽게 이입되는 경우가 많습니다. 이 여성 또한 어려서부터 다른 자녀들에 비해 어머니에게 유독 감정이입을 하게 된 것 같습니다. 어머니가 자신의 삶을 살지 못했다는 부정적인 인식이 자녀인 그녀 안에 크게 자리 잡은 까닭도 지나치게 감정이입을 한 탓입니다.

부모도 부모이기 이전에 하나의 독립적인 존재입니다. 자기

정체성은 그대로 있는 상태에서 부모 역할만 더해지는 겁니다. 하지만 사연에 등장하는 자기 어머니를 보면서, 어머니라는 역할에 매여 자기 역할과 별개의 자기정체성이나 독립적인 영역이 없는 것처럼 느꼈고, 또 반대로 아버지는 지나치게 자유와 독립만 추구하면서 본인 위주로 사는 극단적인 모습을 목격한 거지요.

사실 독립과 의존의 균형을 맞추는 일은 그 자체로 인생의 과업입니다. 가정에서도 마찬가지죠. 가정에서 독립할 것인가 아니면 의지할 것인가는 한쪽을 포기해야만 가능한 것이 아닙니다. 오히려 둘 중 하나를 선택해야 한다고 여기는 데부터 문제가 시작됩니다.

하지만 성장 과정에서 겪은 부모의 극단적인 모습을 수없이 목격하게 되면 이런 균형을 맞추는 일 자체를 두려워하면서 피하려는 성향이 나타나게 될 테죠. 특히 어린 나이에 부부 폭력에 노출된 경험은 강렬한 감정 기억으로 남아 현재의 행동에도 무의식적으로 영향을 미치기 쉽습니다.

어느 한쪽만을 선택하는 건 불가능한 일이기도 합니다. 만약 정말로 독립적인 인생을 원했다면 결혼하지 않았겠지만, 이 사연자는 의지할 만한 남편을 만나 가정을 이룬 상태입니다. 결혼 이후로 임신을 준비하게 되자 자신만의 영역이 없어지리라는 우려에 취미 생활에 몰입하고 있죠. 개인의 취미가 무엇이든 상관은 없지만, 배우자와의 관계에 큰 영향을 미친다면 그때부터는 과한 집착의 단계에 들어선 것으로 보입니다. 스스로 돌아봤을 때, 머리로는 지나치다고 인식하지만, 동호회 활동에 과도하게 몰입하는 것은 어머니로부터 연상되는 압박과 통제에서 벗어나려는 시도일 수 있습니다.

임신에 대한 자신의 생각을 정리하기 위해서는 스스로 가진 부정적인 인식, 부모와 관련된 여러 복잡한 감정들을 잘 이해해서 해소하는 일이 먼저입니다. 어머니라는 역할이 족쇄처럼 인식되는 까닭은 역할 자체가 아닌, 자기 어머니에 대해서 가졌던 부정적인 감정이 족쇄가 됐기 때문입니다. 우선 구체적으로 부모님에게 어떤 감정을 느끼고 있는지를 살펴야 합니다.

앞의 여성이 전한 사연에서는 '내 부모님은 이런 사람'이라는 묘사는 등장하지만, 정작 본인의 감정은 잘 드러나지 않았습니다. 또 계획하지 않은 시점의 임신과 유산에 대해서도 놀람이나 혼란 등 여러 생각이 들기 마련인데도 여기에 대해서는 구체적으로 언급하지 않았지요. 우선 자신의 감정과 생각을 구체적으로 적어보고 인식하기를 권합니다.

자신도 어머니처럼 살게 되는 것은 아닌지 두렵다가도, 한편으론 나의 이런 행동이 결국 아버지와 똑같은 행동일 수 있다는, 서로 다른 측면의 두려움에 시달리는 모습을 보이고 있습니다. 이 역시 의존과 독립 사이의 갈등이나 다름없습니다. 말씀드렸다시피, 이 개념은 얼마든지 균형을 맞춰갈 수 있고 누구든 그런 과정을 겪고 있습니다.

이 같은 두 마음이 통합하지 못했던 것은 부모와 애착 관계가 안정적으로 형성되기 힘들었던 점과 관련이 있습니다. 어릴 적 부모를 충분히 의존할 수 있어야 하는데, 책임감 없는 아버지는 물론이거니와 무력한 어머니를 오히려 지켜주는 역할을 했기 때문입니다.

안정적인 관계를 맺어본 적이 없는 사람은 어떤 대상을 두고 전적으로 나쁘다던지, 혹은 전적으로 좋다고만 여기기 십상입니다. 평행 우주에서 한쪽은 가정적, 또 한쪽은 독립적이라는 '극과 극'으로 나눠서 살고 싶다는 바람도 욕심이 많아서가 아니라 통합이라는 개념이 희박하다는 방증입니다.

관점 회복이 필요할 때

부모와 안정적인 관계를 경험하지 못한 만큼, 지금 남편이나 친구들과 이런 관계를 맺어 보면 어떨까요. 애착 관계는 어릴 때뿐 아니라 성인이 된 후에도 만들어갈 수 있는데, 특히 부부 관계는 매우 중요한 기회입니다. 이를 위해서는 감정 표현을 적극적으로 해야 합니다. 그러면서도 타인과의 경계를 지키는 방식으로 안정적인 관계를 맺는 연습을 하는 겁니다.

어린 시절 가정으로부터의 경험으로 인해 두 영역의 균형을 맞춰가야 한다는 인식이 잘 세워지지 못했다 할지라도, 부모님들 또한 자기의 삶이 없었던 것은 결코 아닐 겁니다. 자녀의 입장에서 부모의 일부분만 인식할 수 있기 때문입니다. 시기에 따라 한쪽으로 조금씩 치우치는 때도 있겠지만, 본인 스스로 균형을 맞추려는 노력을 충분히 할 수 있습니다.

내 스스로 무언가를 통제할 수 있다는 자신감이 잘 세워지지 않으면 그렇지 못한 상황에서 큰 불안을 느끼게 됩니다. 임신과 출산의 경우가 그러하죠. 아이에게 완전히 통제되거나 엄마 역할이라는 족쇄로 수동적인 삶을 살게 될 거라고 확신하게 됩니다. 이런 사고 역시 성장 과정에서 경험한 감정으로 인한 연상입니다. 이런 두려움을 가진 분들은 자신이 통합하고 통제할 수 있다는 관점을 회복해야 합니다.

자신이 가진 섬세한 기질이 부모라는 환경적인 요인에 영향을 받기는 하겠지만, 반대로 이런 성격은 본인의 감정을 되돌아보고 인식하는 데는 유리할 수 있습니다. 이 사연자의 경우도 마찬가지입니다. 또 현재 남편이라는, 다시 말해 의지와 독립이 동시에 가능한, 안정적인 관계를 맺어볼 자원도 이미 주어져 있습니다. 혼자 고민하기보다는 함께 부모가 될 남편과 진솔한 감정이 동반된 고민을 나누는 것을 추천드립니다.

부모가 되는 것은 누구에게나 두려운 일입니다. 사연자는 본인의 부모에 대한 부정적인 감정 경험과 관련해 두려움을 더 크게 느낄 뿐이죠. 부모로부터 주어진 감정이 아닌 오롯이 나와 남편의 판단으로 미래를 그릴 것을 당부드립니다.

'가족의 화목' 때문에 참아야 하나

—

가족이란 인생에서 가장 중요한 시기에 버팀목이 되어주어야 하는 존재입니다. 그렇지만 도움을 주기는커녕 가족 중 누군가가 매사 피해를 주거나 걸림돌이 되는 느낌이라면 얼마나 마음이 불편하고 화가 날까요. 특히나 형제나 자매, 남매 사이에서는 수시로 마음이 안 맞을 수도 있고, 서로의 생각을 주장하다가 다투기도 합니다. 너무나 자연스러운 일상이라고 할 수 있지요.

하지만 단순한 오해나 갈등을 넘어선, 그 이상의 문제를 내포하고 있는 경우도 있습니다. 고등학교 3학년인 어느 학생의 토로에서 그 점을 볼 수 있었습니다. 이 학생의 마음속에는 오빠에 대한 원망과 억울한 감정이 오랜 시간 쌓여 있었습니다. 고3이라는 중요한 시기에 집중하며 시간을 보내야 할 텐데, 오빠로 인해 불안감과 스트레스에 쌓여 제대로 생활하지 못하는 안타까운 상황이지요.

이 학생의 오빠는 세상과 담을 쌓은 채 가족들에게 분노를 표출하며 지낸다고 하더군요. 어릴 적엔 제법 화목한 가정 분위기에서 지냈지만, 사춘기가 되자 급변한 오빠는 하루가 멀다 하고 부모님에게 대들고, 아버지와는 고성을 지르며 싸웠답니다. 중재를 하지 못하는 어머니 또한 참다 못해 오빠에게 물건을 던지는 등 전혀 도움이 되지 못했습니다. 이 과정에서 중간에서 말리던 것은 딸이자 동생인 이 학생이었어요. 어린 마음에 공포에 질려 눈물을 흘린 날이 다반사였습니다. 이 학생 또한 사춘기가 되자 부모님과 사이가 나빠졌고, 결국 이 가족들은 허구한 날 소리를 지르며 싸우는 게 일상이 되어버렸습니다.

오빠가 잠시 유학을 떠나면서 나머지 세 가족 사이에 잠깐의 평화로운 분위기가 찾아왔지만, 문제가 생겨 이른 귀국을 한 오빠 때문에 가족의 불화는 다시 시작되었습니다. 사람도 만나지 않고 방에 틀어박혀 있는 오빠는 가족들에게 모진 말을 던지며 돌발 행동을 일삼았습니다. 차분히 대화를 시도해보려 해도 무반응이었고요.

"고3이 되면서 이런 상황은 저를 더욱 옥죄어 왔어요. 집에서 공부를 해야 하는데 오빠의 존재 자체가 저에게 스트레스라 공부에 집중이 안 돼요. 오빠는 여전히 아무것도 하지 않고 난폭함은 갈수록 심해지고 있어요. 화장실 슬리퍼에 물이 차 있다든지, 바닥에 물기가 있다든지 하는 사소한 일에도 감정을 주체 못하고 분노할 정도입니다. 편하게 쉬어야 할 집에서 저를 포함해 가족 모두가 긴장 상태로 살고 있어요. 오빠의 비위를 거스르지 않기 위해 작은 목소리로 말하고, 걸을 때도 최대한 조용하게 걸어요."

가족 모두 아들이자 오빠의 눈치를 보며 단 하루도 편히 살지 못한다는 이 가정은 대체 무엇이 근본 문제일까요.

분노의 옷을 입은 무력감

남매 사이에 마음이 안 맞을 때도 있고 다툴 때도 있습니다. 상처를 주고받기도 하죠. 그런데 이 남매의 문제는 단순한 오해나 갈등으로 생긴 문제가 아닌 걸로 보여요. 가족 내 쌓인 불통 문제가 사춘기를 지나며 증폭돼 폭발한 것이지요. 학생은 오빠가 사춘기 때 전혀 다른 사람이 됐다고 했지만, 이야기를 들어보면 오빠는 이미 그 이전부터 마음의 어려움을 겪고 있었을 거란 생각이 듭니다.

사람은 아동기와 청소년기, 성인기를 거치면서 부모와 다양한 상호작용을 해요. 아동기부터 부모가 꾸준히 정서적인 상호작용을 해주면 '내 편이 있다'라는 기본적인 신뢰감이 생기고, 그렇게 자아 존중감이 형성되면 좌절감이 들거나 행동에 대한 지적을 받아도 여러 부정적인 감정을 조절할 수 있는 능력이 생깁니다.

오빠는 아마 사춘기를 기점으로 특히 충동적이고 돌발적인 행동을 하게 되었을 것 같고, 부모님은 이에 대해 엄격한 훈육을 했을 것 같습니다. 이 사연에서, 특히 아버지가 오빠의 행동을 교정하기 위해 화내고 다그치는 데 관계의 대부분을 할애했을 거라는 추측이 듭니다. 어머니는 오빠의 돌발 행동이나 자녀 간의 다툼을 보고도 개입하지 않다가 나중에는 오빠에게 물건을 던지는 등 충동적 행동을 하게 되었고요. 결과적으로 공감적 소통도, 제대로 된 훈육도 없었던 것이 문제입니다.

사연에서 오빠가 보인 행동과 지금의 모습에 문제가 있는 건 맞아요. 행동의 교정뿐 아니라 이면의 정서적인 부분을 다룰 필요가 충분한 상황입니다. 그러기 위해선 가족, 특히 부모와의 대화가 필요한데 그 대화의 기초가 되는 지지적인 상호작용이 되어 있지 않아요. 사춘기 시절 많은 청소년은 독립을 추구하는 행동을 하지만 동시에 의존도 합니다. '이래도 내 편이 되어 줄 거야?'라는 식으로 본격적으로 세상에 나아가기 전 부모님의 인내심을 테스트하게 되죠.

하지만 자녀 독립에 대한 부모의 무의식적 불안이 자극되어 더욱 거칠게 대하기 쉬운 게 사춘기 부모의 어려움이기도 합니다. 부모님이 자신의 마음을 어루만져주길 기대한 오빠 입장에서는 오랜 기간 부모님이 원망스럽게만 느껴졌을 거예요. 자기 편이 아무도 없다고 생각한 채로 지금까지 정서적으로는 혼자 방치되어 온 것이죠.

이런 사람들은 나이로는 성인이 되었지만 아직 내면엔 사춘기 때 방황했던 그 아이가 그대로 남아 있습니다. 오랜 시간 스스로 만든 감옥에 갇힌 채로, 겉으로는 분노를 표현하지만 실은 무력감을 느끼고 있을 거예요. 그 무력감이 다시 분노로 표출되면서 악순환이 이어지고 있는 겁니다.

가족과의 심리적 분리가 필요

그런데 중요한 지점은, 애초에 소통할 수 있는 관계를 쌓는 주체가 자식의 몫이 아닌 아닌 부모의 역할이라는 것입니다. 부모가 충분히 믿을 만하다고 생각할 때 자녀는 비로소 부모와 소통하기 시작하거든요. 닥친 문제 해결을 위한 잠깐의 노력이 아닌, 최소 1~2년 이상의 충분한 기간을 통해 꾸준히 지지해주는 모습을 보여야 신뢰가 회복될 수 있습니다.

이 가족의 경우를 볼까요? 오빠는 화를 분출하는 식으로 표현했지만 동생은 삭이는 식으로 분노를 억눌러왔어요. 물론 부모님은 처한 상황에서 최선을 다하셨겠지만, 동생인 딸의 성장 과정에서도 힘든 마음을 어루만져주고 정서적 안정감을 주는 역할을 하지 못한 것 같아요.

특히 자녀들이 다툴 때 각각 개별적인 공감을 해주지 않았어요. 그런 경우 자녀들은 서로 불만과 질투심을 더 키워갈 수 있어요. 사춘기에 동생이 겪은 내면의 갈등은 단기적으로 볼 문제가 아닙니다. 가족 다툼이 잦았던 경험으로 인해 독립을 해야 할 시기에도 가족이 화목한 것에 모든 우선순위를 두게 될 수 있어요. 가족의 화목을 목표로 자신이 희생해야 하고, 자신의 꿈 등 개인적인 만족마저 어느 정도 포기해야 한다고 생각할 수 있습니다.

지금이라도 진솔한 자신의 감정을 직면하려는 용기가 필요한 이유입니다. 그러기 위해선 오랫동안 회피해왔던 자신의 감정과 맞닥뜨려야만 합니다. 분노를 이기지 못하는 형제를 변화시켜 자기 마음의 괴로움을 해결한다거나, 자식과 갈등을 겪는 부모님의 마음을 헤아리기 전에 내 마음을 먼저 자각해야 한다는 이야기입니다.

이 학생은 입시라는 중요한 문제를 목전에 놓고도 자신도 모르는 사이 부당한 상황을 참고 수용하며 가족 문제에 골몰하게 되는 것도 실은 좀 부자연스러운 행동입니다. 평화로운 가족에 대한 소망 이면에 있는 부모님에 대한, 오빠에 대한 서운함과 원망을 들여다보는 것이 옳은 방법입니다.

가족의 화합보다 가족과의 심리적 분리가
필요한 시점입니다.
가족과의 인연을 끊으라는 게 아니라
집중하는 대상을 바꾸라는 것이지요.

오빠의 문제나, 부모와의 관계보다는 내 자신에게 몰두하는 것, 그것이 해묵은 갈등을 해결해갈 수 있는 단초입니다. "지금 나에게 중요한 일은 입시라는 목표를 성공적으로 이루는 것"이라고 가족들에게 말할 수 있어야 해요. 그런 발언 자체가 조심스럽다면, 나의 감정에 초점을 맞춰 "학업에 몰두해야 하는데 가족 분위기 때문에 마음이 괴로워"라고 말해보세요.

상대의 돌발 행동에 전전긍긍하지 말고 본인의 마음이 시키는 대로, 해야 할 일을 하는 것이 필요합니다. 이기적으로 행동하라는 말이 아니라 언제나 자기 마음의 주체가 되어 결정하고 나의 길을 가야 한다는 이야기입니다.

그리고 사연 속 오빠도, 이 정도의 행동을 보이는 사람은 도움이 필요합니다. 가족의 개입만으로 문제를 해결하기 어렵다면 전문가의 도움을 받아보는 것이 맞지요. 그래야 지금까지도 상처를 주고 있는 가족 간 불화도 회복할 수 있습니다. 다만 가족 문제는 결국 개개인이 각자 삶의 주체가 되었을 때 해결할 수 있는 문제라는 점을 명심하세요. 가족과 상관없이 내 자신이 지금 무엇을 원하는지에 꾸준히 집중하시길 바랍니다.

감정은 외면한다고 사라지지 않는다

—

아버지의 갑작스런 성격 변화로 고민이 많았던 한 남성분이 괴로움을 토로하였습니다. 자신이 어릴 적에 보았던 아버지는 가정적이고 유순한 분이었지만 쉰 살이 넘어 나이가 들자, 특히 근래 들어 한번 욱하면 말릴 수 없는 성격으로 변하셨다는 거지요. 식당에서 종업원이 작은 실수를 하고 정중히 사과했음에도 아버지는 주변사람들이 다 쳐다볼 정도로 직원에게 큰소리를 내며 몰아세웠다 하네요. 처음엔 갱년기 증상인가 싶었지만 그 분노의 정도와 빈도가 점점 심해지다 보니 정말로 정신적인 문제가 생긴 것이 아닌가 걱정되었습니다.

여동생이 늦게 귀가했어도 어떤 날은 대수롭지 않게 넘어가기도 했지만, 똑같은 시간에 귀가했어도 어떤 날은 몇 시간이고 세워두며 야단을 치시는 등 일관적이지 못한 모습을 보이기도 하고요. TV에 나오는 인물이 맘에 안 들면 과하다 싶을 정도로 악담을 퍼붓기도 하셨습니다. 어느 날 아드님이 아버지의 기분을 살피며 조심스레 말을 꺼내보았다고 합니다.

"아빠 본인이면 기분이 어떨 것 같으세요? 예전엔 차분하시고 감정기복도 없으셨는데, 요즘은 화를 너무 많이 내셔서 걱정돼요."

나름대로 역지사지의 뜻을 담아 진지하게 건네본 말이었지만 아버지는 들은 척도 하지 않았다 합니다. 걱정 가득한 아드님은 완전히 다른 사람이 되어버린 아버지를 보며 점차 포기하는 마음이 생기면서, 이제는 더 이상 긴 대화를 나누지 않는다고 하네요. 치매 초기 증상 중에 화를 자주 낸다는 행동 특성이 있던데 정말로 아버지가 치매는 아닐까 의심이 된다면서요.

아버지의 원가족에 대해 물었을 때 커다란 사연이 있던 건 아니지만, 다만 아버지의 어머니와 관련된 한마디를 들을 수 있었습니다.

"다만 할머니와 관련된 마찰은 가끔 있었어요. 할머니는 가부장적인 성향에 자기주장이 강하셨지요. 종종 저희와 만날 때 보면, 손녀들을 차별하고 며느리를 대놓고 구박하

섰어요. 그런데 아버지는 할머니 말이라면 뭐든 순종하셨거든요. 때로는 할머니가 완전히 엉뚱한 지시를 하고 있는데도 아버지는 일단 그 지시를 따를 정도였답니다. 그래서 저희 부모님 사이에 할머니와 관련된 다툼이 자주 있었어요."

갑작스레 달라진 낯선 아버지

인간은 누구나 편안하고 행복한 인생을 원합니다. 그러기 위해선 자신의 감정을 잘 조절하고 정서적 안정감을 유지해야 합니다. 안정적인 정서 상태는 행복한 삶을 영위하는 필수 요소니까요. 그런데 자녀의 입장에서 부모의 불안정한 정서를 지켜보는 것은 무척이나 답답하고 힘든 일입니다.

특히 성인이 된 자녀라면 불안정한 부모에게 어떠한 실질적인 도움을 드릴 수 있을지 진지하게 고민도 하게 됩니다. 먼저 첫 출발은 불안한 증세를 보이고 있는 부모의 내면부터 이해하고 들여다볼 필요가 있습니다. 그래야 함께 살며 영향을 받았을 가족들의 정서적 안정도 챙길 수 있으니까요. 정서적 안정감은 타고난 기질도 관련되지만, 양육 과정을 통해 정서를 다루는 법을 익혀가는 것이 매우 큰 영향을 미칩니다.

오랜 기간 불안정한 정서를 보이는 사람을 가만히 상담하다 보면 그의 성장기에 유난히 강압적인 부모의 슬하에서 자란 경우가 많습니다. 부모와 편안하게 소통하며 자신의 감정을 적절하게 처리하는 방법을 배워야 하는데 그러지 못한 가정환경이었던 것이지요. 주장이 세고 완강한 부모 밑에서 자라면서 자신의 감정을 억누르고 타인에게 맞추는 방식에 익숙해진 것일 텐데, 훗날 나이가 들면서 자신의 가족이나 자녀에게 악영향을 미칠 정도로 쌓아두었던 감정들을 분출하는 모습을 보입니다.

이 사례에서 드러나듯이 아버지는 뻔히 틀린 방향이라는 것을 알면서도 자신의 어머니의 생각과 감정에 맞추는 방식으로 순응하며 살아왔어요. 강압적인 어머니의 감정처리 방식 때문에 특히 자신의 부정적인 감정 표현을 지나치게 억압한 것이죠. 부모와 솔직한 감정 교류가 전혀 없이, 타인을 대할 때도 언제나 같은 방식으로 해왔기 때문에 겉으로 보기엔 내면의 갈등이 드러나지 않았을 거예요.

고민하던 자녀 입장에서 보면, 과거에 아버지가 매사 침착하고 평온한 것처럼 보였고 열심히 자녀와 놀아주셨더라도, 내면에는 스스로 나쁜 것이라고 인식되는 수많은 감정을 억누르며 살아왔을 가능성이 큽니다.

정서가 온전하게 발달하려면 자신이 느끼는 감정 상태를 잘 알아차리는 것이 기본입니다. 불편한 감정을 정확히 감지해야 그 원인이 어디에 있을지 파악하고 그에 맞게 대응하며 감정을 다루는 방식을 배울 수 있기 때문입니다. 사례 속 아버지는 그런 훈련이 충분히 되어 있지 않은 분 같아요. 이런 과정을 충분히 훈련하지 못하면 상황이 조금만 부정적으로 흘러가도 쉽게 화가 납니다. 화가 나는 마음으로 인해 과도하게 언성을 높이고 막말을 하기도 하고요. 자신이 느끼는 감정을 스스로도 잘 파악하고 있지 못하기 때문에 조절하지 못하고 감정의 상태에 쉽게 끌려 다닌다는 얘기예요.

부정적 감정을 표현하면 상대방과의 관계가 나빠진다고 느끼면서 평생 부정적 감정을 억누르기만 했던 사람은, 자기가 마땅히 느낄 만한 감정을 인식하게 되는 것에 대해 '감정 공포'라고 불릴 정도로 두려움을 가지게 됩니다. 어떤 계기로 인해 그 감정을 제대로 느끼게 되면서부터 급속히 혼란에 빠지게 되는 거지요. 사연에는 나오지 않았지만 아버지의 감정을 오랜 기간 억압했던 할머니가 갑자기 돌아가셨다던지, 혹은 건강이 악화되었다던지 하는 등 기폭제가 됐던 계기가 있었을 겁니다. 흔히 중년의 위기라고 부르는 시기가 되면, 사연 속 아버지처럼 지금까지 내가 살아온 방식에 회의를 느끼고 무의식적으로 정반대의 극단적인 행동을 시도하게 됩니다.

부정적 감정은 외면한다고 사라지지 않아요. 당시에는 억누른다고 해도 나중에 다양한 문제 양상으로 나타날 테니까요. 예전과는 달리 사소한 일에 불같이 화를 낸다거나, 과도하게 말을 심하게 해서 상대방에게 상처를 주는 것도 비슷한 맥락입니다. 울화와 분노 같은 부정적 감정을 안전하고 편안하게 처리하는 방법을 체득하지 못했기 때문에 감정을 극단적으로 드러내는 것이죠. 물론 여기에 더해, 갱년기 호르몬 변화와 관련된 감정 기복 역시 그런 상황을 악화시키는 요인으로 작용할 수 있습니다.

내면에 응어리진 감정을 인식하기

실질적으로 문제를 해결하기 위해서는 스스로 내면에 응어리진 감정을 인식하는 것이 무엇보다 중요합니다. 이 아버지와 같은 경험을 하고 계신 분이 있다면, 가장 빠른 방법으로 정신건강의학과 전문의의 진료를 받아보시길 권합니다. 감정기복과 중언부언하는 대화는 조기 치매뿐 아니라 우울증의 증상일 수도 있어 감별이 필요하거든요.

남에게 감정을 내보이는 것에 대한 거부감이 있는 성격이라면 자신의 미성숙함을 가족에게 드러내는 것이 정말로 어려운 일일 겁니다. 이럴 때 억지로 가족이 말로 설득하는 것보다 전문기관에서의 진료를 권유해보면서 의학적으로 접근하면 좋겠습니다.

　가족들도 내 부모, 혹은 내 배우자가 일생 동안 부정적 감정을 처리하는 방식을 배우지 못했다는 점을 기억하시면 좋겠습니다. 평생 지켜본 가족들이라 하더라도 한 사람의 응어리진 감정을 온전히 이해하는 건 참으로 어려운 일이거든요. 쉽진 않겠지만 가족 중 누군가가 분노를 표출할 때마다 지적하거나 항의하지 말고, '지금 감정의 혼란을 겪고 있구나'라는 따뜻한 시선으로 바라봐주세요. 혼란스럽고 위축된 이 시기에 가장 필요한 것은 가족의 지지입니다. 그렇다면 예기치 않은 순간에 그간 쌓아둔 가족들의 상처를 훨씬 줄일 수 있을 거예요.

　당장은 혼란스럽고 다 같이 힘든 시기지만 폭풍과 같은 감정기복을 겪는 장본인에게는 참 소중한 변화의 시기입니다. 나와 내 주변 사람들이 편안하고 행복한 인생을 누리기 위해선 지금이라도 자신의 감정을 제대로 인지하는 시각을 회복하시면 됩니다.

상처 때문에
내 삶이 흔들린다면

: '나'를 중심에 둔 생각으로 방향 바꾸기

완벽주의, 혹은 강박성 성격

—

저는 초등학생 아이를 키우는 30대 전업주부입니다. 아이가 어렸을 때는 아이가 삶의 전부였는데 학교에 입학하고부터 몰입도가 줄었어요. 아이가 등교하면 주로 집에서 혼자 시간을 보내는데, 아무 일도 하지 않는 저를 남편은 무척 한심하게 여깁니다. 제가 전업주부이면서 집안일을 제대로 하지 않고, 알바를 하거나 공부를 하는 것도 아니면서 하루 종일 시간만 죽이고 있다고 합니다. 남편은 제가 아침에 아이를 등교시키고 다시 자는 것이나 아무것도 하지 않고 빈둥거리는 것이 본인에게는 못 견디게 스트레스라고 합니다. 누워 있거나 핸드폰 게임을 하는 저를 볼 때마다 그런 얘기를 해요.

사실 스스로 생각해도 제 자신이 작아 보입니다. 아이에게 손이 많이 필요했을 때는 육아에 최선을 다하는 하루하루가 중요하다고 생각했어요. 하지만 예전처럼 저의 손길이 필요하지 않게 되자 제가 이 사회에 쓸모없는 구성원이 아닌가 하는 생각이 들더군요.

지금의 제 모습을 보면 취업준비를 하면서 안절부절 못했던 10년 전 제가 떠오릅니다. 내 자신이 세상에서 가장 쓸모없는 존재로 여겨지던 그 시절로 다시 돌아간 기분입니다. 대학 시절 내내 아르바이트로 생활비를 벌었어요. 취업준비를 할 당시에 아르바이트를 병행할 수가 없어 부모님께 손을 벌렸고, 취업을 못했다는 사실만으로 많은 비난을 받았어요. 정말 부끄럽고 수치스러운 경험이었지만 그때는 한마디 말대꾸도 하지 못한 채 듣고만 있었습니다.

저는 4남매 중 둘째예요. 언니가 있었지만 엄마의 부탁으로 초등학생 시절부터 동생들을 도맡아 돌보곤 했어요. 엄마는 저에게 "네가 가장 믿음직하다"는 표현을 자주 했습니다. 가정 형편이 좋지 않았기 때문에 학창시절 내내 학원 한번 보내달라고 한 적이 없었죠. 대신 "언니나 동생이 학원을 보내달라고 해서 걱정이다"라는 어머니의 하소연을 듣고 자랐습니다. 그런 저에게 취업을 못했다는 이유로 비난을 쏟아냈던 부모님이 너무 원망스러웠어요.

어느 날 부모님을 찾아가 당시에 왜 그렇게까지 비난했는지, 왜 다른 형제들만 학원을 보내주고 나를 방치했는지를 울면서 따진 적도 있어요. 제 얘기를 다 들은 엄마는 사과를 하셨지만 그 뒤로는 오히려 제가 부모님 보기가 민망해서 왕래하지 않고 있어요. 우여곡절 끝에 원하지 않았던 회사에 취업해 3년쯤 근무한 뒤 결혼과 동시에 퇴사했습니다. 당시에는 회사가 지옥처럼 느껴졌고, 남편도 결혼 후 아이를 키울 때는 아내가 집에 있는 게 좋을 것 같다고 해서 기다렸다는 듯 사표를 냈어요.

남편 말처럼 지금이라도 공부든 아르바이트라도 할 수 있겠지만, 문제는 이상하리만치 의욕이 나지 않는다는 겁니다. 10년 전의 기억부터 시작해 이런저런 생각이 꼬리를 물고 이어져 밤에 잠을 거의 자지 못합니다. 낮에는 하루 종일 기운이 없고 몸이 처져요. 피곤하다며 누워 있거나 핸드폰을 멍하니 보고 있는 상황이 반복되니 남편과도 자주 싸우게 됩니다.

어느 날은 뛰어내려서 죽고 싶다는 충동이 일어서 병원을 찾은 적도 있습니다. 약을 먹었는데 부작용이 너무 심했고, 그 기억 때문인지 병원 가는 게 내키지 않아 더 이상 가지 않고 있습니다. 남편에게 우울증 증상을 털어놓았는데 본인이 더 힘들다는 반응을 보이더군요. 그 후로 우울증 이야기는커녕 일상에서도 남편의 눈치를 더 보게 됐어요. 남편이 있으면 집에서 편하게 누워 있기가 어려울 정도로 불편합니다. 남편도 남편이지만 아이가 자라서 저를 한심하게 생각할까봐 걱정되고 불안합니다. 어디서부터 잘못된 걸까요.

과거에 실패자였으면 지금도 실패자인가

가까운 사람의 감정을 유독 예민하게 느끼는 사람들이 있지요. 그런 분들은 그만큼 상처를 입는 정도도 더 깊은 경우가 많습니다. 하지만 옆에 있는 가족이 그 마음을 재빨리 알아차리지 못한다면, 특히 이 사연처럼 우울증 증세를 보이는 아내의 현상황을 이해하지 못한다면 더 어려운 결과를 가져올 수 있어요. 자살 충동을 일으킬 정도로 시급한 상황이라면 더더욱 배우자에게, 혹은 다른 가족에게 솔직하게 털어놓고 전문가의 도움을 받아야 합니다.

그러나 우울증과는 별개로, 상처받은 누군가가 부부 사이의 관계에서, 혹은 가족과의 관계에서 더 이상 상처받지 않고 건강한 내면을 유지하려면 어떻게 해야 할지 생각해봅시다. 사연을 보내준 아내분 같은 유형의 사람은 어린 시절부터 자신보다는 주변 사람들의 기대에 부응하기 위해 애쓰는 경향이 많아요.

그 과정에서 삶의 기준이 자신이 아닌 타인을 향해 자리잡게 된다는 점이 문제이지요. 이런 분들은 과정보다는 당장 보이는 결과물이 중요하고, 그 결과에 따라 자기 자신을 평가합니다. 이를 강박성 성격이라 하는데 흔한 말로는 완벽주의라고 합니다.

완벽주의 성향이 있는 사람 입장에서는 결과를 떠나 과정에서 동반된 수많은 내적 경험들에 의미를 부여하는 것이 도통 쉽지가 않습니다. 원하는 회사에 취업을 하지 못했다고 해서 대학 생활 전체가 실패한 건 아니죠. 아르바이트로 스스로 용돈을 벌어 쓸 만큼 매 순간 열심히 살았고, 취업이라는 목표를 향해 휴학 한 번 하지 않고 성실히 달려왔다면, 설령 결과가 좋지 못했더라도 과정 전체가 무의미해지는 건 결코 아니라는 얘깁니다. 취업 실패라는 사실 하나로 자신이 더 열심히 살지 못한, 무능한 사람이라는 평가를 스스로 내린다면 옳은 판단이 아닙니다.

사연자의 경우, 게다가 자기 자신의 기준이 아니라 부모님의 비난 한마디로부터 자존감이 크게 훼손된 상태라면 더더욱 실패했다는 평가를 내려서는 안 됩니다. 부모님에게 둘째 딸인 사연자는 다른 자녀들에 비해 편안하고 쉬운 자녀였을 겁니다. 다른 형제들에 비해 자신의 욕구를 내세우지도 않고 늘 가정 형편과 부모님의 상황을 배려해서 행동했으니까요. 타인의 감정이나 평가를 민감하게 받아들이는 자신의 기질도 그런 환경을 더욱 강화시켰을 테고요.

끊임없이 다른 사람의 감정을 살피고, 그들의 생각과 가치를 내면화하는 과정이 오랜 시간 이어져왔기 때문에 지금도 자기가 기준점으로 삼는 감정, 생각이 뚜렷하지 않을 수 있습니다. 그 기준이 없으면 무슨 일을 하든, 누구와 관계를 맺든 나의 본래 모습과 타인의 기대 사이에서 끊임없이 흔들릴 수밖에 없습니다.

자신을 돌보라는 내면의 목소리

무게 중심이 타인에게 치우칠 때의 가장 큰 문제는 무엇을 해도 진정한 만족을 느끼기 힘들다는 점입니다. 과정 중에 내적으로 경험하는 소소한 만족감보다, 눈에 보이는 외적인 결과에 몰입할 수밖에 없죠. 자신의 성향과 기질을 고려해 목표를 세우고, 과정에서 일어나는 본인의 다양한 내적 경험에 집중해보세요. 그렇게 꾸준하게 해가다보면 심리적 안정감을 기본으로 한 잠재력을 발휘할 수 있게 되어 오히려 성공 확률이 올라갑니다. 또한 비록 실패를 할지언정 크고 작은 성취감을 쌓아갈 수 있습니다.

반대 경우는 어떨까요? 뭘 해도 만족감이 떨어지고 타인의 평가에 불안하고 초초해할 수밖에 없죠. 당연히 자신의 잠재력을 발휘하게 될 가능성도 줄어들고요. 사연자의 현재 모습을 봅시다. 10년 전 취업준비를 하던 20대 청년기 때와 마찬가지로 내 자신의 욕구, 남편의 기대 사이에 갭이 벌어지면서 점차 불안해지고, 감당할 수 있는 역치가 넘어가게 된 지금은 아예 의지를 놓아버리는 무력한 상태에 빠지게 된 것 같아요.

지금은 어떤 일을 할 것인지 고민할 게 아니라 자신의 속마음을 먼저 파악해야 할 듯합니다. 지금 당장 뭔가를 시작하고, 남들이 보기에 그럴 듯한 사람이 되어야만 삶의 만족을 느낄 수 있는 건 아닙니다. 지금의 내적인 상태로는 성취를 이루더라도 그 만족감은 오래 가지 않을 가능성이 큽니다. 그보다는 지금까지 만족스럽지 않은 결과, 남들의 평가로 받은 상처를 솔직한 내면의 기준으로 보듬고 치유하는 게 먼저입니다. 가족들이 나를 어떻게 평가하고, 가족의 기대에 어떻게 부응할지 생각하는 것은 그다음 문제입니다. 스스로 어떤 것을 원하는지 무엇을 싫어하는지 알지 못하면 앞으로의 인생에서도 목표를 제대로 세울 수 없고 무엇을 하든 만족감을 느끼기 어려울 거예요.

원하는 학교에, 혹은 바라던 직장에 취업하지 못한 지난날이나, 잠시 삶에서 방향키를 잃어 우울함을 겪고 있는 지금 이 시간에도 당신은 결코 실패자가 아니라는 것을 강조하고 싶습니다. 이러한 우울감은 사실 '나를 좀 돌봐줘'라고 외치는 내면의 목소리일 가능성이 큽니다. 당신은 주변을 민감하게 알아차리고 배려하는 사려 깊은 사람입니다. 그 섬세함으로 이제는 자신 안의 목소리를 알아차리는 데 더 집중해보세요. 지금의 심리적 어려움이 자신의 목소리를 따라 삶에 집중하게 되는 변화의 계기가 되길 바랍니다.

잘 해내야만 사랑받을 수 있을까

—

🌱

대입에 실패해 재수 후 결국 원하지 않던 학교와 전공을 선택할 수밖에 없었던 어떤 청년을 만난 적이 있습니다. 학교와 전공에 적응하지 못하고 불행한 마음으로 대학생활을 가까스로 마친 그는 공무원시험을 목표로 다시 공부를 시작했습니다. 그러던 중, 당장 병원에 입원해도 이상하지 않을 만큼 현재 심각한 우울증 상태라는 것을 뒤늦게 알게 되었습니다. 하루하루 심해져가는 우울증을 견디다 못해 어느 날 자살이라는 극단적인 행동을 시도하기도 했습니다. 청년은 자신을 심하게 때리거나 높은 곳에서 떨어져 몸이 파괴되는 상상을 하는 등 자신의 육체를 심각하게 망가뜨리고 싶었다고 이야기합니다.

자기 아버지는 무뚝뚝한 편이고, 어머니는 자신처럼 걱정이 많고 예민한 성격이지만 나름대로 무난한 부모님 밑에서 사랑받으며 자라왔다고 과거를 평가합니다. 부모님께 공부뿐 아니라 취미 생활에 관련된 물질적인 부탁을 하면 여유가 되는 선에서 흔쾌히 들어주셨다고 하고요. 하지만 특별히 문제가 없어 보이는 과거를 지나왔음에도 자기 자신을 영원한 실패자로 규정하는 이유는 무얼까요?

그렇다면 과연 이런 평가가 온전히 자신의 기준이었는지를 살펴봐야 합니다. 언뜻 본인이 스스로 세운 기준이었다고 여길 수 있지만, 이는 자라면서 부모님이나 가족, 친구 등 외부의 영향을 많이 받아 왜곡된 기준이 만들어진 경우가 많습니다. 삶의 기준이나 잣대를 지나치게 높게 형성할 수밖에 없었던 여러 가지 상황들 말입니다. 무언가 성과를 내야지만 관심이나 사랑을 받을 수 있다는, 자신도 모르는 두려움이 존재했을지도 모르거든요.

사회초년생들의 우울증을 보며

이제 막 대학생이 되었거나, 혹은 사회초년생이 된 청년들 가운데 우울증으로 힘겨운 시간을 보내는 젊은 분들이 적지 않습니다. 한 차례, 혹은 그 이상의 좌절을 경험했다는 공통점이 있지요. 그들은 늘 성실하고 열심히 최선을 다해 살아왔건만 무엇 하나 마음대로 되지 않는 현실에 자신감도 많이 떨어져 있었습니다. 출발선은 분명 비슷했던 것 같은데, 사회에 자리를 잡아나가는 주변의 또래와 비교하면 자신이 손에 쥔 결실은 그간 들인 노력에 비해 초라해 보일 수 있습니다.

하지만 대학 입시와 취업 등을 거치면서 비슷한 괴로움과 두려움에 시달리는 여러분의 또래가 적지 않다는 사실을 먼저 말씀드리고 싶습니다. 원하는 대학에, 또 바라던 회사에 가지 못했다고 해서 인생 전체가 실패한 건 아닙니다.

누구나 살면서 한번은 좌절을 경험합니다. 한 사람이 인식할 수 있는 '첫 좌절'을 겪을 때 유난히 힘든 이유는 이전에 비슷한 경험이 없었기 때문이 아닙니다. 제아무리 부모님이 사랑을 마음껏 주는 가정에서 자랐다 하더라도 성장 과정에서 크고 작은 좌절은 겪기 마련입니다. 환경의 변화, 성적, 운동이나 게임, 취미 등의 영역에서 비교되는 경우도 있고요.

이처럼 인생이 자신의 계획대로 이뤄지지 않을 상황을 마주했을 때 찾아오는 좌절감을 제대로 다룰 수 있어야, 그래서 내면에 귀를 기울여 자신만의 기준을 세워야 흔들리지 않을 수 있습니다. 그렇지 못했을 경우 자신이 좌우할 수 없는 실패의 경험에 무너지기 십상입니다. 사실 실패의 경험에 따른 괴로움이 계속되는 것 역시 이 목표가 자기 주도적이지 않고 남에 의한 것이었다는 방증일 수 있습니다.

이런 내면의 힘을 키우려면 단지 물질적인 지원이 아닌, 당신이 내적으로 힘들거나 무언가를 원할 때 곁에서 섬세하게 지지하고 위로해주는 존재가 성장 과정에서 필요합니다. 평소 예민하고 걱정이 많은 성격일수록 더욱 그렇습니다.

위에서 언급한 청년은 비교적 무난한 가정에서 자랐고 물질적 필요는 충족되었지만, 다소 무관심했던 아버지와 예민한 기질을 가진 어머니 사이에서 정서적인 만족이 이뤄지지 않았을 가능성이 큽니다. 어쩌면 이처럼 마음껏 기댈 수 있는 누군가가 없었기에 좌절의 순간에 스스로를 보듬기가 힘들고, 오히려 비난하고 파괴하는 상상을 했을지도 모릅니다.

자신을 실패자로 규정하는 일은 자신이 밉고, 또 소중하다는 느낌을 받지 못해서일 수 있습니다. 여기에 더해 몸이 아프거나 건강이 안 좋아진다면 누군가가 보살펴주고 정서적인 지지를 받을 수 있으리라는 내면의 소망이 발현된 결과일 수 있겠고요.

이러한 괴로움과 혼란, 불안을 타인이 아무리 이해해준다 하더라도, 지금은 당장 취업이나 자격증 등 겉으로 보이는 성과에 집중하기보다는 그간 미처 돌아보지 못한 자기 내면에 관심을 모아야 합니다. 좌절의 경험이 생겼을 때 '괴롭다' '힘들다'는 감정뿐 아니라 자신의 존재감 등 어떤 생각과 감정이 들었는지를 자세히 인식해보는 겁니다. 구체적으로 어떤 지점에서 좌절을 느꼈는지 알아야 합니다. 단순히 좌절했다는 사실에만 집중하면 또 다른 실패가 찾아왔을 때 같은 상황이 반복될 수밖에 없기 때문이지요.

자신에게 관대해지는 연습

예측하기 힘들 정도로 변화무쌍한 입시나 취업 관련 환경, 특히나 여러 요인이 복합적으로 작용해 발병하는 우울증 등은 개인의 노력으로 어찌할 수 있는 영역이 아니에요. 이런 통제할 수 없는 변수는 그대로 인정해야 합니다. 통제할 수 없는 것을 통제하지 못했다고 후회에 집착하는 것은, 괴로워도 그대로 직면해야 할 좌절감을 제대로 인식하지 않고 회피하는 수단이 되는 경우가 많기 때문입니다.

'내가 어떻게 했다고 해서 바뀔 결과가 아니었다'라고
인정해야 좌절감도 받아들이며 해소할 수 있고,
그래야 새로운 도전도 가능합니다.

진정한 행복은 외부의 조건이 아니라 내적으로 만족을 느끼는 것에서부터 시작됩니다. 주어진 목표를 달성하는 것 자체가 아니라, 자신의 성향과 기질을 고려해 목표를 세웠다면 이를 성취하는 과정에서 소소한 만족을 느낄 수 있습니다. 하지만 외부로부터 주어진 목표였다면 과정보다는 결과에만 집중하게 됩니다. 어쩌면 원하던 대학에, 또 바라던 일자리에 합격했더라도 만족을 느끼기보다는 후회했을지도 모릅니다. 내적인 만족감을 추구하는 것이 익숙하지 않으면, 좋은 결과를 받았더라도 본인 재능이나 노력의 결과가 아니라 '어쩌다 운이 좋았다'라고 하며 외부로 공을 돌리면서 여전히 불안을 느끼는 분들이 실제로 많기 때문입니다.

이를 위해서는 무엇보다 자신에게 관대해지는 연습이 필요합니다. 우울증은 본인에게 가혹한 잣대를 들이대면서 높은 기준을 설정하고 스스로를 몰아붙이는 과정에서 생기는 경우도 적지 않습니다. 물론 자신을 관대하게 대하기가 쉽지 않은 시대입니다. 늘 어딘가에 쫓기면서 본인의 속도에 맞춰 살아가는 것을 불안하게 여기도록 만드는 현실이니까요.

하지만 먼저 자신의 편이 되지 않고서는 진정한 만족으로 가는 길을 찾기 어려워집니다. 나의 부족함을 비난하며 구석으로 몰아붙이는 검사가 아닌, 높은 기준으로 나의 잘잘못을 따지는 판사가 아닌, 나 자신의 편이 되어주는 변호사가 되어야 합니다.

우울증 역시 증상이 생겼을 때 치료를 받는다면 우리가 목표한 바를 이루는 데 마냥 걸림돌로만 존재하지 않을 수 있습니다. 이런 증상을 방치했다면 문제가 되겠지만, 우울증을 인식하고 있다면 얼마든지 관리가 가능하고 원하는 삶을 사는 데 지장이 없다는 이야기입니다.

큰 시험 등에 합격하는 것만이 성취감과 만족감을 주는 것은 결코 아닙니다. 사실 이런 성취는 근본적인 도움이 되지 않을 겁니다. 오히려 이뤄지지 않았을 경우의 타격이 더 클 테니까요. 먼저 본인의 취미 영역에서 작은 도전을 시작해보거나, 혹은 관심 분야에서 단기적인 온라인 강좌가 있다면 수업을 끝까지 수료하면서 소소한 성취감을 채우는 노력도 아주 좋은 방법입니다. 작은 일에 만족하고 그곳에 머물라는 의미가 아니라, 이런 단계부터 시작해서 목표를 차차 넓히는 단계를 밟아야 한다는 의미입니다.

오늘날 치열한 경쟁 사회를 사는 이 시대의 많은 청년들 중에 현재 자신의 인생에 있어 큰 위기를 경험하는 사람도 많을 줄로 압니다. 하지만 이런 위기는 진정한 나 자신과의 관계를 회복할 수 있는 기회가 될 수 있어요. 진짜 자기 마음과 가까워지며 진정으로 원하는 삶의 모습을 스스로 그려가길 응원합니다.

아이에게 보이는, 원치 않는 내 모습

—

저는 네 살 아이를 둔 가장이자, 동시에 주의력결핍과잉행동장애ADHD 환자입니다. 초등학교 시절 내내 제 생활기록부엔 '주의가 산만하고 일을 끝까지 해내지 못함'이라는 평가가 꼬리표처럼 붙어 있었어요. 당시엔 그게 ADHD 때문이란 걸 몰랐어요. 뭔가를 자주 잊어버리고, 생각보다 몸이 먼저 움직이는 성향으로 인해 많은 어려움을 겪은 후 성인이 돼서야 진단을 받았습니다. 지금이라도 약을 복용하며 집중력을 바로잡아갈 수 있어 다행이라고 생각하고 있어요.

문제는 네 살 아들에게 비슷한 모습이 보인다는 겁니다. 아이는 또래에 비해 언어가 월등하게 빠른 편이고 성격도 활발합니다. 그런데 집중력과 사회성이 눈에 띄게 부족합니다. 이를테면 놀이 시간에 친구들의 장난감을 자주 망가뜨린다거나 본인의 물건에 집착이 심합니다. 놀이에 집중하는 시간이 짧고, 어른이 호명해도 잘 쳐다보지 않아요. 대화를 할 때도 눈을 피하며 말합니다. 육아지원센터에서 상담을 받은 결과 사회성이 낮고 소근육 발달이 더딘 반면, 공격성이 높다는 결과를 받았어요.

아들의 모습을 보면서 ADHD 증상의 대물림이 아닐까 불안합니다. 남들이 보기엔 저는 차분하고 조용한 성격으로 보일 수 있지만 실상은 장난기가 많고 충동적 성향이 강해요. 그래서 유년기에는 장난이 심했고, 친구들과 자주 싸웠습니다. 불장난이나 물건을 훔치는 등 자극적 행동도 즐겨했어요. 지금도 게임을 비롯해 자극적인 것들을 좋아하고 자주 욱하는 성격이지만 나이가 들면서 그런 모습을 숨기게 됐지요.

아이를 낳으면 화목한 가정에서 잘 키우고 싶었습니다. 그런데 어린 아들의 모습에서 나의 어린 시절 모습을 발견하게 되면서 불안해요. 배우자와의 사이도 나빠지고 있어요. 자녀 양육과 교육 문제로 의견 충돌이 있을 때마다 대화와 소통을 통해 해결하려고 하지만 간극이 쉽게 좁혀지지 않습니다. 아내는 원래부터 사랑과 관심을 표현하는 데 서툰 편입니다. ADHD 성향이 강한 아빠와 아이, 표현이 부족하고 회피적 성향이 강한 엄마의 조합이다 보니 가정에 조금씩 금이 가고 있습니다. 집안 분위기가 냉랭하고, 부부 대화도 자주 단절되다 보니 결국 자연스레 아이에게도 부정적 영향이 가고 있어요.

제가 보기에는 꾸준한 교육과 훈계를 통해 소리를 지르거나 떼를 쓰는 등 아이의 충동적 행동이 어느 정도 개선되고 있는 것 같습니다. 배우자가 저의 양육 방식을 따르길 바라는 건 무리일까요. 아이에게 ADHD를 물려주지 않으려면 어떤 노력이 더 필요할까요.

괴로움을 자식에게 물려주고 싶지 않아서

ADHD 증상으로 괴로웠던 기억을 딛고 그것을 아이에게 대물림하지 않기 위해 노력하고 있는 한 가장의 이야기입니다. 과거 자신이 겪은 증상을 떠올리고, 성인이 된 지금도 극복하기 위해 노력하고 있다는 점에서 이분이 가진 내면의 힘을 볼 수 있었습니다. 그 과정에서 누구보다 사랑하는 자녀에게서 자신이 겪었던 비슷한 모습을 발견했을 때 얼마나 불안했을까요.

대부분 양육자는 아이를 키울 때 자신의 성장 과정을 떠올립니다. 어찌 보면 그 부분이 부모의 가장 큰 고충이기도 합니다. 사연에는 자세히 나오지 않았지만 이분은 성장 과정에서 ADHD 증상으로 상당한 심리적 어려움을 겪은 것으로 보여요. ADHD는 주의력이나 자기 조절 능력의 발달이 비교적 느린 꽤 흔한 질환입니다. 보통은 ADHD 증상을 보여도 크면 나아질 것이란 생각에 지켜보다가, 학업이나 또래 관계에서 어려움을 보이면 진료를 시작하는 경우가 많죠.

이 시기에 적절한 치료가 이뤄지지 않을 시 증상으로 인해 학교 및 직장 생활 적응이나 대인관계 등에서 지속적으로 어려움을 겪게 돼 자존감이 떨어지고 피해의식을 가지게 됩니다. 그래서 조기에 발견해 관리하는 것이 중요하지요. ADHD를 뒤늦게 발견해 양육자와 상호작용, 대인관계, 잠재적 능력 발휘 등에서 많은 어려움을 겪을 수 있는데, 앞의 사례처럼 그 괴로움을 자식에게 물려주지 않기 위해 온 신경을 쓰게 되지요.

ADHD 증상으로 인한 행동을 반복할 때 주변으로부터 인정보다는 질타가 따라올 가능성이 더 높을 거예요. 그 부분이 여전히 매우 큰 상처로 남아 있을 겁니다. 성인이 돼서도 자신의 본래 모습을 숨기고 억눌러야 했던 상처가 깊이 뿌리내려 있습니다. 적절한 치료를 받을 수 있음에 다행이라 여기지만, 그와 동시에 그간 살면서 겪었던 많은 어려움을 ADHD 증상과 연관 지어 생각하고 때로는 과도할 만큼 몰두하는 것도 그런 이유죠.

사연자도 자신이 겪은 경험과 질환에 대해 누구보다 잘 알고 있어요. 하지만 놓치는 것도 있습니다. 지금 우려스러운 점은 본인이 자녀에게 그 기억과 경험을 대물림하지 않아야 한다는 데 너무 몰두한 나머지, 색안경을 낀 채 섣불리 아이를 재단하고 평가하고 있다는 점이에요. 자신이 겪은 고통을 아이에게 물려주지 않으려는 노력 자체는 훌륭하지만, 아직 어린 아이에게 너무나 많은 통제를 하고 있는 건 아닌지 돌아보아야 합니다.

아이의 고유한 기질을 알아봐줄 것

뇌에서 자기 조절 센터의 발달이 조금 더딘 ADHD는 관계의 어려움이나 학습 능력 저하 등이 동반되는 경우가 많습니다. 이 때문에 오래 집중해야 하는 환경에 처하는 학령기가 돼야 정확한 진단이 이뤄지죠. 학령기 이전 유아들은 일반적으로 오래 집중하는 게 어렵고 산만하고, 충동성 및 과잉행동을 보입니다.

세 돌 정도 되는 네 살 유아가 충동 조절이 미숙해 어른들의 말을 잘 듣지 않고 떼를 쓰는 건 어찌 보면 당연한 행동이에요. 어려서부터 아이의 특성을 정확히 이해하려는 노력은 좋지만, 가만히 있지 못하고 주의가 산만하다고 해서 미리부터 과도한 걱정을 할 필요는 없다는 말씀을 꼭 드립니다.

오히려 지금 더 필요한 건 자신이 성장과정에서 ADHD 증상을 겪으면서 받은 영향을 잘 이해하는 것이겠지요. 이로 인해 겪었던 부정적 상호작용의 모습, 문제 해결방식, 현재의 삶, 아이와의 관계 등을 제대로 이해하고 무엇보다도 그 과정에서 겪은 감정적인 고통을 수용하는 과정이 중요합니다. 아마도 '사람에게 자기 조절 능력은 가장 중요한 점이야'라는 가치관이 생겼을 테고, 그것이 지금 어른이 된 사연자의 행동에 영향을 줄 가능성이 큽니다.

이런 과정을 명확히 이해하지 못하면 자신도 모르게 스스로와 아이, 배우자를 통제하는 실수를 할 수 있어요. 과거에 경험한 감정 기억들로 인해 혹시 자신이 과도하게 스스로와 아이를 통제하고, 그 외의 가능성을 잘 바라보지 못할 수도 있다는 점을 유의해야 합니다.

혹여 나중에 아이가 ADHD 진단을 받는다 하더라도 좌절할 필요가 없습니다. 본인이 과거 겪었던 고통을 겪지 않게 하려해도, 미리 훈육을 하는 식으로 ADHD 발병 자체를 막을 수는 없으니까요. 두려운 감정이 실린 훈육은 오히려 아이에게 정서적 악영향을 미칩니다. 발병을 차단하려 하기보다는 적기에 발견해 치료적 개입을 하는 것이 보다 현명한 방법이죠. ADHD라 해도 적기에 적절한 개입이 이뤄진다면, 삶의 어떤 영역이든 제한되지 않고 잠재력을 최대한 발휘하며 성장할 수 있습니다.

그러나 부모가 자녀의 ADHD 여부에 몰입한 나머지 너무 아이를 통제하면 아이도 성장 과정에서 그만큼의 억압을 느끼고 부정적 정서가 쌓이게 됩니다. 먼저 아이의 고유한 기질을 알아보고 적절하게 대해주면 아이도 부모의 사랑과 관심을 편안하게 느낄 겁니다. 모든 질환이 그렇듯 ADHD 역시 스펙트럼이 매우 넓습니다. ADHD 진단 유무와 별개로 아이 스스로 기질을 인정하고 스스로 관리해나갈 수 있도록 도와줘야겠지요.

무엇보다 아이는 어른인 부모와 다른 사람이라는 점을 기억했으면 좋겠습니다. 부모는 자신과 아이를 알게 모르게 동일시하려는 경향이 있는데, 이 자체가 자식에게는 독립적인 인격체로 존중받지 못하는 부정적인 영향을 미치는 것이거든요. 아이의 환경은 과거 부모의 성장 시기와는 또 다르기 때문에 겪어갈 세상도 완전히 다를 수밖에 없습니다. 부모의 두려움이 과도한 개입을 유발합니다. 그 두려움 이면에 있는 과거 수치심 등의 감정을 인식하고 수용함으로써 본격적으로 회복의 과정에 들어가길 권유드립니다.

가족에게 인정받지 못하는 성정체성

—

저는 레즈비언이고 사귄 지 3년 된 여자친구가 있습니다. 저의 성정체성과 여자친구와의 교제를 인정하지 않는 가족과 큰 갈등을 빚고 있습니다. 얼마 전 오빠가 제 전자기기에서 정보를 몰래 빼내 저와 여자친구가 나눈 대화를 어머니와 공유하고 있었다는 사실을 알게 되었습니다. 어머니는 여자친구 부모님의 휴대번호를 몰래 알아내 그분들을 직접 만나서 교제 사실을 알리기도 했고요.

이 모든 사실을 알게 된 이후 가족들에 대한 신뢰가 바닥으로 떨어졌어요. 더는 함께 살 수 없어 집을 나왔고, 2주쯤 뒤 짐을 가지러 집에 갔는데 엄마가 대화를 하자고 하시더군요. 대화를 거부하자 어머니는 다짜고짜 저를 때리기 시작했습니다. 손목을 꺾어 제압을 한 뒤에 30초가량

숨을 못 쉴 정도로 목을 졸랐어요. 20분간 실랑이 끝에 겨우 집을 빠져나오는데 마침 집에 들어오던 아버지와 마주쳤어요. 저는 그대로 집을 빠져나와 도망쳤고 밖에 있어서 상황을 모르던 여자친구도 뒤따라 달렸습니다.

부모님은 차를 타고 저희 둘을 쫓기까지 하셨고, 그 과정에서 여자친구가 차에 치일 뻔한 위험한 순간도 있었습니다. 그날은 지금까지도 지울 수 없는 충격이 되어 아직까지도 검은색 차만 보면 가슴이 떨립니다.

저는 어렸을 때부터 늘 생계를 책임지던 어머니의 충동적인 감정과 폭력의 희생양으로 살았어요. 어머니는 사고뭉치인 오빠보다 저에게 학업에 대한 기대가 컸는데 시험 성적이 좋지 않은 날은 손목을 꺾으면서 겁을 주셨어요. 어느 날은 말대꾸를 한다며 과도를 들고 와서 칼로 찌르겠다고 위협하기도 했습니다. 더 이상 이렇게 못살겠다고 이야기를 하니 엄마는 오히려 죽으라며 베란다로 떠밀었습니다. 그뿐이던가요. 계절에 맞지 않는 옷을 입었다며 머리채를 잡히는 날도 있었고, 심기를 잘못 건드리는 날엔 이유 없이 두들겨 맞기도 했습니다.

심지어 친오빠가 여덟 살이던 저에게 유사성행위를 시도했을 때도 엄마는 오빠와 저를 똑같이 나무라셨습니다. 당시엔 아무것도 몰랐지만 시간이 지날수록 치욕감을 느꼈습니다. 아버지는 어릴 적부터 수년씩 마음대로 집을 나갔다가 들어오기를 반복해 좋았던 기억이 없습니다. '한부모 가정'이란 생각으로 살았죠. 이런 환경에서 자라면서 저는 점점 남자가 무섭고 싫다는 생각을 하게 됐어요. 고등학교 시절 저는 스스로 레즈비언으로 정체화되었습니다.

상담센터에서 부모님을 다시 만나기로 약속했습니다만, 지난 저의 성장과정, 가족과의 관계를 돌이켜볼 때마다 마음이 너무 무겁고 힘들어요. 가족에 대한 죄책감이 들기도 하고, 때로는 가족을 죽이고 싶을 만큼 화가 치밀어 오르기도 합니다. 요즘은 노출이 심한 옷을 입거나 남성에게 열광하는 여성, 성소수자를 비난하는 사람에 대한 분노도 강하게 느낍니다. 떳떳하게 제 자신을 잘 지키면서 소수자로서 목소리도 잘 내고 싶은데, 어떻게 해야 할지 모르겠습니다.

복합 트라우마의 결과

아무리 큰 상처를 준 부모라도 그 부모로부터 완전히 벗어난다는 건 쉬운 일이 아닙니다. 잠시 가족으로부터 떨어져 있다 하더라도 분명 마음이 편할 수는 없겠지요. 자신을 학대하고 심지어 생존의 위협을 가했던 부모지만 그들이 여전히 신경 쓰이고 여전히 부모의 인정을 받고 싶은 마음은 왜 생기는 걸까요? 위의 사례를 한번 살펴보겠습니다.

사연자의 어머니는 혼자 생계와 양육을 감당하며 최선을 다했지만 감정조절하는 데 어려움이 많은 분이었어요. 내면의 어떤 감정이나 생각이 건드려지면 아주 충동적으로 행동했습니다. 언제나 가장 약자인 자녀, 특히 딸에게 화를 퍼부으며 과하게 나무랐지요. 부모가 사랑과 보호를 해주기는커녕 늘 자신을 몰아세우고 공격하는데 어린 딸이 무얼 할 수 있었을까요. 사연자에겐 너무나 버겁고 힘든 어머니였지요. 더구나 어머니는 오빠의 성추행이라는 심각한 사건을 목도했을 때도 책임 있는 대처를 하지 못했어요. 아버지도 그런 상황에서 버팀목이 되지 못했습니다.

이런 부모 아래 자란 자녀들은 '나는 사랑받을 자격이 있는 존재'라는 자긍심을 느끼지 못합니다. 아이의 자존감이란 부모가 아이를 조건 없이 사랑하고 존중할 때 비로소 자라납니다. 많은 전문가들이 부모들에게 일상적으로 자녀의 마음에 관심을 갖고 학업 성취 같은 결과에 상관없이 존재 자체를 인정해주라고 조언하는 이유입니다.

안타깝게도 이 어머니는 자녀보단 내 자신의 감정이 먼저인 분이었어요. 자신의 충동적인 기질과 내면의 괴로움을, 다름 아닌 어린 자녀를 감정받이 삼아 독설과 폭력으로 전가한 거예요. 명백한 학대입니다.

이 사례의 주인공은 자신의 존재를 있는 그대로 인정해주기는커녕 무책임한 아버지와 어머니의 지속적인 학대를 경험하면서 내면에는 수치심에서 비롯한 강한 분노가 쌓여왔을 거예요. 남성 혐오에서 더 나아가, 남성을 좋아하는 여성에 대한 혐오까지요. 성정체성을 둘러싼 갈등이 핵심인 듯 보이지만 이미 오래전부터 갈등의 골이 자리 잡고 있었던 것이죠.

저는 그런 어머니, 그런 가족을 잠시 떠나기로 한 그 결정을 깊이 존중합니다. 그녀 인생에서 처음으로 어머니를 상대로 한 주도적인 결정이었을 거예요. 부모에게서 안정적인 인정과 사랑을 받아본 경험이 부족하기 때문에 그 결정을 내리는 것도 쉽지 않았겠지요. 남과 다른 성정체성을 스스로 인식하고 인정하는 데도 무척 힘들었을 겁니다.

동성애적 성향은 그 자체로는 정신의학적 문제가 아니에요. 오히려 사회적 낙인이나 차별, 배제가 정신건강에 부정적인 영향을 미치죠. 부모 세대의 관점에서 받아들이기 쉽지 않을 수 있지만 부모가 자녀의 성정체성 갈등과 관련해 가장 먼저 보여야 할 태도는 인정과 수용이에요. 고민이나 고통도 나눌 수 있어야 하고요. 그런데 사연자는 그 문제로 생존의 위협을 느낄 정도로 폭력을 경험했습니다.

이런 식으로 감정적 트라우마 상황을 자주 경험하다보면 사람은 감정의 벽을 스스로 세워서 자신을 지키게 됩니다. 그래서 일상에선 감정이 무뎌지고 강렬한 감정을 경험할 때만 살아 있다고 느끼지요. 이른바 '복합 트라우마'를 겪은 사람들이 강렬한 감정을 일으키는 과거 회상에 강박적으로 집착하게 되는 이유도 그래서입니다. 이 경우도 마찬가지입니다. 자신도 모르게 과거 회상과 복수에 몰입하면서 이를 연상시키는 사람들을 혐오하며 감정적인 고통을 반복하는 악순환이 이어지고 있는 셈이지요.

분노와 혐오 대신 주도적인 행복으로

이런 상황에서 집을 떠나기로 한 결정은 그녀가 할 수 있는 최후의 선택이었을 겁니다. 보호해야 할 가장 중요한 대상이 나 자신이라는 걸 잘 알고 있는 거지요. 전문가로서 조언하자면, 다시 가족을 만나는 과정에서 무분별한 분노와 공격으로부터 스스로를 보호할 수 있도록 경찰이나 상담사 등 제3자의 도움을 받는 것이 좋겠습니다. 과거 부모님이 사연자와 여자친구에게 보인 행동은 상당히 위험한 수준일 정도로 충격적입니다. 성정체성 갈등을 빚는 부모와 자녀 간에 벌어질 수 있는 통상적 수준을 벗어난 행동이라 여겨집니다.

가족과의 만남 이후에도 가족을 떠올리면 공포감에 압도되기도 하고 수치심이나 죄책감이 들기도 하며, 반대로 섭섭하거나 분노가 치미는 순간도 있을 겁니다. 그럴 때 자신과 가족 모두를 인간으로서 돌아보는 게 도움이 될 거예요. 어머니와 아버지를 긴밀히 연결된 부모자식 관계가 아닌, 객관적인 시각에서의 인간 자체로 이해해보고 그들로부터 받았던 부정적인 영향을 그대로 돌아보는 과정이 필요합니다.

트라우마 극복은 '직면이 필수'라는 이 점이, 물론 참 힘든 일입니다. 하지만 그래야 분노와 두려움으로부터 비롯된 혐오, 부적절한 죄책감과 위축된 마음 등 부정적인 감정의 흐름이 점차 힘을 잃게 되거든요.

사연자는 끝으로 '성소수자로서 목소리를 내고 싶다'고 했는데, 자신의 목소리를 찾아가는 여정에서 보다 다양한 분야를 접하고 많은 사람들을 만나 지지받으며 안정감과 유능감을 경험하는 것이 먼저입니다. 그런 경험이 쌓이면 내면의 불안감과 분노가 줄어들고 다른 에너지를 채워갈 수 있어요. 내가 정말 내고 싶은 목소리가 있는데 분노와 혐오 감정에 압도되어 필요 이상의 에너지를 쏟아내 좌절을 반복하면 안 되겠지요. 평생 감정적 고통을 당했지만 이제부터라도 임시방편이자 악순환의 고리인 분노와 복수가 아닌, 철저히 주도적인 인생 설계와 행복에 몰입하는 것을 권유드립니다.

'회피형' 남편과 '추격형' 아내

—

서로 좋아서 결혼했지만 누구에게도 어려운 게 결혼생활인 것 같습니다. 일단 각자의 성향이 다르고, 서로에게 원하는 바가 다르기 때문에 당연히 갈등이 생기지요. 이런 점 때문에 큰 차이를 이기지 못하고 갈등의 골이 깊어진 부부들이 참으로 많습니다.

함께 가정을 꾸렸는데 왜 자신만 모든 걸 짊어지고 살아야 하는지 호소하는 한 내담자를 만났습니다. 두 아이를 키우며 맞벌이를 하고 있던 그분은 일과 육아와 살림으로 몹시 지쳐 보였습니다. 하지만 이보다 더 힘들었던 것은 남편의 무관심과 이기적인 모습, 그리고 갈등 상황에서 피하기만 하는 무책임함 때문이었습니다.

화목한 가정에서, 다섯 형제가 서로 도와가며 친밀하게 지냈던 경험을 가진 내담자의 입장에서는 남편의 이런 단점을 참을 수가 없었던 거지요. 자신과 아이들이 모두 코로나에 확진되어 다들 앓고 있을 때 남편은 단 한 번의 도움도 주지 않고 방에 틀어박혀 있어, 아픈 자신이 참고 아이를 돌봤다는 이야기를 하며 분노했습니다.

약속이 생겨 저녁에 외출해야 한다고 전했더니, 남편은 자기보다 한 시간 먼저 집을 나가버렸다 하지요. 그날 아내는 화가 나서 남편 짐을 싸서 시댁으로 보내버렸다고 합니다. 한 달간 집에 들어오지 않은 남편에게 먼저 연락을 취한 것도 아내였지요. 여전히 엉망인 집안에서 아무런 도움조차 주지 않는 남편을 보며 아내는 개선될 수 없음에 이혼까지 생각하고 있었습니다.

"제 입장에선 남편 행동이 이해되지 않고 너무 이기적으로 느껴져요. 남편은 자기밖에 모르는데 저는 일도 하고, 집안일과 돈 관리까지 책임져야 하는 패턴이 반복됩니다. 대화를 시도하면 아이들 앞에서 싸우기 싫다며 피하기 바쁩니다. 눈앞에 분명 문제가 있는데 말을 꺼내려는 시늉만 해도 막아요."

감정 인식 스위치를 꺼버리는 남편

내담자의 입장에서 보자면, 남편은 아내에게 그리고 어린 자녀들에게 좀처럼 마음과 시간을 내어주지 않는 사람이죠. 육아와 살림을 혼자 떠안은 채 워킹맘으로 살면서 얼마나 억울한 마음이 들었을까요. 그렇다고 부부간의 잘잘못을 따지기 시작하면 두 사람의 고민을 해결하는 데 별 도움이 안 될 거예요. 우선 결혼생활을 하면서 이 아내가 힘들어지게 된 원인들을 하나씩 짚어보는 것부터 출발했습니다.

먼저 이 남편이 어떤 사람인지 알아봐야 할 것 같아요. 남편은 회피적 성향이 강한 사람으로 보입니다. 타인과 가까워지고 친밀함을 유지하다가, 어느새 갈등이 생기면 풀어가는 데 능숙하지 않은 사람이죠. 아내는 문제가 생겼을 때마다 남편이 대화를 피할 뿐만 아니라 문제 상황에서 도망쳐 자기 자신만 돌보기 때문에 이기적인 사람이라고 표현했습니다. 그러나 제가 보기에 남편은 이기적이라기보다 극도로 회피적인 사람이에요. 갈등을 직면하는 일 자체를 어려워하는 사람인 거죠. 갈등 상황에서 자기감정을 정확하게 인식하고 대화해서 간격을 좁혀나가는 유형의 사람이 아닌 겁니다.

남편의 유년 시절에 대해 자세히 알 수는 없지만 성장 과정에서 이런 성향이 차츰 강화됐을 거예요. 돌봄받고 친밀감을 누리고 싶은 욕구가 누구에게나 있지만 그럴 상황이 못 되어 그런 욕구조차 억압하고 회피했을 가능성이 큽니다. 자신의 미숙한 관계 패턴을 해결하지 못한 채로 결혼을 했고 아버지가 됐습니다. 아내와 자식과의 소통이 여전히 어색할 것은 불 보듯 뻔한 일이지요.

회피적 성향이 강한 사람은 조용하고 무탈한 감정 상태를 추구합니다. 갈등 상황에서는 상대방이 준 자극에 동요되지 않기 위해 그에 대한 감정 인식 스위치를 아예 꺼버리는 것이죠. 문제를 해결하고 싶은 욕구가 없는 것이 아니라, 적극적으로 외면하는 방법을 통해 자기 자신을 지키려고 합니다.

반면에 내담자의 스타일은 남편과 정반대 성향을 보입니다. 이들 부부는 건강한 정서적 상호작용이 되지 않는 역기능적 의사소통을 하는 흔한 부부 유형인 '회피형 남편'과 '추격형 아내' 유형입니다. 남편이 회피형이라면 아내는 추격형에 가깝지요. 추격형 성향의 사람은 매사에 예민하고 불안하기 때문에 상대방과 감정적으로 밀착해 모든 일들을 공유하고 함께 해결해가길 원합니다.

고민을 털어놓은 내담자도 처음에는 남편이 배우자로서 진심 어린 모습으로 아내의 이야기를 들어주고 짐을 나눠 들어주기를 원했습니다. 그 바람은 전혀 무리한 요구가 아니지요. 다만 남편은 기분과 감정을 다루는 데 익숙하지 않기 때문에 아내가 긴밀한 연결을 요구하거나, 좌절해서 감정적인 행동을 할 때 결국 회피를 해버립니다.

아내 입장에서는 '남편이자 아빠로서 어떻게 이럴 수 있지?'라는 분노감, '내가 이런 대접을 받아야 하나' 하는 수치심이 끓어오르겠지요. 하지만 문제 해결에 적극적이지 않은 상대 탓을 하다 보면 오해의 여지도 커지고, 감정을 제어하지 못해 충동적인 행동을 하게 되니 상대는 더 피하게 되는 악순환만 반복됩니다. 실제로 남편 입장에선 아내가 자신을 존중하지 않거나 통제하려고 한다는 느낌을 받았을 거예요. 아내가 다가올수록 더 강력하게 침묵과 무시로 대응하는 것도 그래서지요.

무조건 끝까지 듣기

부부 관계가 회복되기 위해서는 우선 악순환되는 상호적 특성부터 잘 파악하고 있어야 합니다. 회피형 남편은 회피형 애착 유형일 수 있는데 사람과의 긴밀한 연결을 피하려 하고, 독립성을 유지하며 감정적 취약성을 피하곤 합니다. 반면 추격형 아내는 불안형 애착 유형일 가능성이 있는데, 친밀한 관계에 대한 욕구가 좌절될 때에 버림받는 것에 대한 두려움 때문에 과도하게 의존적이거나 집착적인 행동을 하게 됩니다.

두 사람 모두 과민해진 감정을 다루고자 정반대의 행동을 보이고 있습니다. 쫓아오니 도망가고, 도망가니 더 쫓아가는 식의 악순환인 거지요. 아무리 부부라도 서로 자라온 환경이 다르기 때문에 성향이나 애착 스타일이 쉽게 바뀔 수는 없어요. 다만 두 사람의 다른 점을 인식한 뒤, 서로 덜 도망가고 덜 쫓아가는 노력을 하면 조금씩 관계가 개선될 수 있습니다. 부부 모두 가족 관계를 유지하고자 하는 마음은 같지만 갈등이 생긴 감정을 다루는 방식이, 안정적인 소통이 아닌 양극단의 방식을 보여왔던 겁니다.

부부의 갈등 상황이 반복되면 아이들 역시 부모와의 관계에서 어려움을 겪을 수 있습니다. 부부싸움에 노출되는 것 자체도 문제지만, 아이들이 회피 또는 집착이라는 부모의 감정 처리 방식을 배우게 되는 것이 더 큰 문제입니다. 앞으로 크고 작은 갈등이 생겼을 때 옳고 그름을 가려 성급하게 종결시키려고 애쓰지 마세요. 그보다는 부부간 감정 소통에 중점을 두길 바랍니다. 그래야만 자연스럽게 아이들도 그러한 소통 방식을 배우게 될 겁니다.

이제 실질적인 방법들을 말씀드리겠습니다. 해결 중심이 아닌 정서적 소통 중심의 대화를 하는 방법으로 '무조건 끝까지 듣기'를 추천합니다. 상대방의 말을 판단하지 않은 채 중단하지 않고 그 이면의 감정에 집중해 경청하는 것입니다. 상대방이 오해하고 있어 억울한 마음이 들더라도 우선은 끝까지 들어보세요. 말을 할 때에는 '나'를 주어로 한 감정 표현이 좋습니다. 서로 상대가 반대쪽 극단에 서 있는 느낌을 받아 자칫 서로 비난하는 대화로 가기 쉽기 때문입니다.

"당신은 항상 내 말을 무시해" 대신
"나는 우리가 더 많이 이야기했으면 좋겠어"라고
표현해보세요.

대화는 말로 하는 것이 아니라 정서가 교감하는 것입니다. 남편은 아내의 감정을 경청하는 시간을 늘리고, 아내는 상대가 혼자 있는 시간을 존중하는 등 서로 간의 노력은 시너지를 일으키게 될 겁니다. 이혼에 대한 고민은 이 모든 것을 이해하고 근본적인 소통 문제를 해결하고자 노력한 후에 결정해야 후회가 없을 것 같습니다. 중요한 고민과 선택을 제대로 하려면, 무엇보다 심리적인 안정감을 갖는 것이 먼저니까요.

전부 나를 탓하는 가족들

—

🌱

저와 말도 안 하려는 남편과 딸 때문에 너무 괴롭습니다. 남편은 결혼생활 동안 교감이 없었고, 딸과는 사춘기 즈음부터 관계가 악화됐습니다. 딸에게 다가가고 싶지만 딸은 오히려 저의 잔소리 때문에 성적이 떨어졌다며 외면합니다.

원래부터 아이와 사이가 좋지 않은 건 아니었어요. 딸은 밝고 똑 부러진 아이입니다. 저에게 사랑한다는 표현도 잘하고, 어렸을 때부터 다방면에 재능을 보였죠. 그러다 수년 전부터 성적이 떨어지면서 사이가 멀어졌어요. 본인이 원해서 받은 심리 검사에서 불안증 소견이 보인다는 말을 들었고, 목표한 만큼 성적이 나오지 않자 많이 좌절하는 게 보입니다. 성적 문제로 이야기할 때면 엄마 잔소리가 듣기

싫다고 하고, 지각하는 점에 대해 지적하면 상관하지 말라
는 식입니다.

제가 아이의 문제에 간섭하는 편이라면 남편은 아이가 하
고 싶은 대로 놔두는 스타일이에요. 자녀 교육과 양육에 있
어 늘 혼자 전전긍긍하고 있어요. 평생 '나는 싱글맘이다'
라는 생각으로 살아왔죠. 아이가 비뚤어질까봐 걱정하는
마음에 제가 잔소리라도 하는 날엔 오히려 남편이 저를 향
해 큰 소리를 칩니다. 얼마 전 딸아이의 지각 문제로 제가
아이에게 한 소리를 하자, 남편은 아이 앞에서 저에게 "XX
년이 지랄해서 미치겠네"하며 욕설을 내뱉더군요. 그냥
두면 저절로 고쳐질 일인데 제가 과잉반응을 하며 문제를
키우고 있다는 거죠.

이 모든 일의 원인은 서로 감정 교류가 전혀 없는 부부 관
계에 있다는 생각이 들어요. 살면서 남편과 공유할 수 있
는 게 없습니다. 겉으론 평화로워 보일지 몰라도 남편만
보면 화가 치밀어요. 남들에겐 유능한 사람이지만 저에게
는 너무나 무능한 사람이에요. 학교 폭력 후유증으로 힘든
시기를 보냈던 아들과 관련해서 아무 관심도 두지 않았던
사람이고, 가족이 함께 하는 즐거움을 찾는 일에도 관심이
없어요.

최근에 남편이 사업에 실패하면서 겪은 경제적 어려움으

로 인해 불안과 두려움이 한층 더 커진 것 같습니다. 딸아이라도 문제없이 잘 키워야 한다는 생각에 잔소리가 더 늘었다는 걸 제 스스로도 알고 있어요.

매사 자신감 넘치고 당당했던 저는 어디 갔을까요. 전 세 자매 중 둘째로 태어나 아버지에게 가장 큰 사랑을 받았고, 누구보다 사람들 앞에 잘 나서고 우수한 성적으로 좋은 학교에 진학해 부모님이 자랑스러워했던 딸이었어요. 물론 초등학교 때 아빠로부터 맞았던 기억으로 인한 상처, 그리고 엄마가 원하는 진로를 선택한 언니와, 몸이 선천적으로 약해 항상 보호의 대상이었던 동생으로 인해 엄마에게 정서적 차별을 받았다고 느낀 적은 있어요. 그럼에도 불구하고 저는 늘 적극적이고 진취적이었어요. 그런데 요즘은 모든 것에 초조하고 불안합니다.

남편과는 예나 지금이나 속 얘기를 전혀 안 합니다. 어쩌다 자녀 문제로 대화를 하게 되면 더 답답해지기만 합니다. 부부 사이는 포기했다 생각했어도, 제 아이와는 잘 지내고 싶었는데 왜 이렇게 된 걸까요. 틀어진 가족들과의 관계를 어떻게 회복할 수 있을까요.

자녀 양육은 효율의 문제가 아니다

사춘기를 겪는 청소년 시기에 아이들은 부모와 다투기도 하고 사이가 멀어지기도 합니다. 정상 발달의 과정이죠. 다만 이때 행동은 얼핏 보면 사춘기 문제처럼 보이지만 사실 이 시기에 튀어나온 것일 뿐 엄마와의 관계 속에서 이미 과거부터 쌓여온 것일 수 있어요. 문제의 원인을 깊이 들여다보기 위해서 엄마인 본인의 마음속에 자리 잡은 '불안'의 근원부터 살펴보는 것이 좋을 것 같습니다.

엄마의 모습에서 불안이 엿보입니다. 부부 간의 부정적 감정이 딸에게 전달될까봐 걱정을 하고, 잔소리를 하지 말아야 한다고 생각하면서도 불안이 커서 딸에게 더 심한 간섭을 하는 악순환이 반복되는 것으로 보여요. 머리로는 알면서도 불안한 마음을 제어하지 못하고 오히려 상황을 악화시키는 모습인 거죠. 그 불안이 어디에서 나왔을까요? 아마도 엄마 스스로 내면을 깊이 들여다보지 못한 것이 하나의 원인일 거예요.

이 사연에서 어머니는 무척이나 완벽주의적 성향이 강한 사람 같아요. 일을 처리하는 데 있어서 '효율'에 집중하게 되고, 효율이 떨어지는 것을 못 참는 경향을 볼 수 있거든요. 하지만 육아에 있어서는 효율을 따지는 것이 독이 될 때가 있어요. 아이를 키우는 일은 사실 효율과 거리가 멀어요. 아이를 키우는 일은 자녀가 높은 목표점을 향해 늘 효율적으로 따라오기를 바랄 때 더 꼬이게 됩니다. 오히려 길게 보고 천천히 바뀌는 걸 기대해야 하는 비효율에 가깝지요.

동물을 단기간 훈련시키는 것이 아닌, 큰 식물을 수년에 걸쳐 키우듯 긴 호흡으로 보셔야 합니다. 잘못된 방향으로 자라고 있다고 줄기를 잡고 꺾거나 뿌리가 뽑힐 정도로 무리해서 변화를 주면 오히려 식물은 더 못 자라게 되겠죠. 금방 바뀌지 않는다고 상황을 좋게 만들기 위해 잔소리를 하게 되면 자녀가 반감을 느껴서 효율은 더 떨어지고 관계만 악화되는 악순환이 벌어지는 겁니다. 효율이 오히려 비효율을 초래하는 것이지요.

청소년기의 아이들에겐 독립적으로 자율성을 추구하는 것도 필요하지만, 여전히 의존욕구가 남아 있기에 부모와 깊이 있는 정서적 상호작용도 필요합니다. 청소년기 자녀를 둔 부모들은 자녀가 부모의 인내심을 테스트하는 것 같아 힘들어합니다. 여기서 놀라운 이야기 하나를 해드릴까요. 사춘기 아이들은 설마 진짜로 부모의 인내심을 테스트하는 것일까요? 네, 그렇습니다.

진정한 독립 이전에 내가 이렇게까지 해도 내 편이 되어줄 수 있는지, 부모가 믿을 만한지 무의식적으로 테스트해보는 것이 청소년기의 특징이기 때문입니다. 이 과정이 없으면 성인이 되었을 때 정서적 안정감을 못 느낀 나머지 막연한 불안감에 시달리거나, 실패에서 오는 좌절감을 감당할 수가 없거든요. 가까운 사람으로부터 용기와 지지를 받고 해결하는 경험이 그래서 필요한 겁니다. 그런데 사연 속 아이는 엄마 혹은 아빠와의 관계에서 이런 과정을 경험하지 못했던 것 같아요.

아이가 성적 이야기만 하면 엄마 탓을 한다고 했지요? 아이는 엄마의 기대를 잘 알고 있고, 본인 역시 공부를 잘하고 싶어 합니다. 하지만 결과가 따라주지 못해 더 큰 부담으로 다가오고, 잘할 수 없다는 생각으로 좌절감과 불안을 겪고 있는 것 같습니다. 아무리 야단을 쳐도 학교 지각이 반복되고 있다는 점에서 불안을 회피하려는 문제 행동을 엿볼 수가 있거든요.

'말하기'에서 '듣기'로 전환하기

부모라면 먼저 아이가 엄마를 피하는 것이 아니라 자신의 마음을 헤아려주고, 고민을 나눌 수 있는 부모를 간절히 바라고 있다는 점을 알아주었으면 합니다. 그리고 아이와의 벽을 허물어야겠지요. '네가 잘 되기 위해서는 내 말을 따르는 것이 효율적이다'라는 생각에서 벗어나 조금 거리를 두고 묵묵히 기다려주는 지혜가 필요한 때입니다. 아이를 위하는 마음과 의도는 그대로 두되, 말과 행동을 조금 바꿔보는 것이지요. 청소년기 전까지 부모가 먼저 도와주는 방식이었다면, 청소년기부터는 조금

떨어져 자율성을 존중해주되 도움이 필요하면 언제든 도와주겠다는 신뢰를 주는 것이 중요합니다.

'말하기'에서 '듣기'로 무게중심을 옮겨보는 것도 하나의 팁이 될 것 같습니다. 물론 쉽지 않습니다. 그 과정에서 부모는 억울하고 답답한 마음이 들기도 할 거예요. 하지만 우리 부모들은 나름대로 아이를 잘 키우기 위해 매진했고, 잘 키우고 싶은 마음이 누구보다도 큰 사람들이잖아요. 다만 아이를 사랑하고 염려하는 마음이 아닌 내면의 불안이 아이에게 전달되고 있는 것이 아닌지 진지하게 돌아봐야 할 때입니다.

부부 사이의 관계도 마찬가지입니다. 가족에게 무심하고 자녀를 방관하는 듯한 남편의 태도에 대부분의 아내는 큰 상처를 받습니다. 아내가 평소 인간관계와 감정 교류에 많은 비중을 두고 의미 부여를 하는 사람이라면 더더욱 그러할 테죠. 매사에 꼼꼼하고 효율적으로 임하는 아내로서는, 가정의 대소사를 해결하는 과정에서 남편에게 요구했던 것들은 매우 정당한 일이었을 거예요. 자녀들의 문제를 함께 해결하거나 가족이 함께 시간을 보내는 일 등은 분명 당연한 의무입니다.

남편이 이런 아내의 말을 귀담아듣지 않은 앞의 사례를 보면 어떠한가요? 아무리 두드려도 열리지 않는 문처럼 남편을 보면 답답하고 억울했을 거예요. 그때마다 아내가 느끼는 절망과 분노가 어떠할지 공감이 됩니다.

그런데 안타까운 점은, 아내가 남편에 대해 실망하고, 감정적으로 격해진 상황이 반복될수록 상대인 남편은 아내와의 갈등을 줄이기 위해 오히려 상황을 피해왔다는 점이에요. 이 또한 '추격형 아내'와 '회피형 남편'의 모습이죠. 마치 회전목마의 말처럼 서로 만나지 못한 채 공회전을 하고 있는 형국인 겁니다.

잘잘못을 말하기 전에, 남편은 은근슬쩍 넘어가는 자신의 태도가 아내에게 어떤 좌절감을 주고 있는지 모를 수 있어요. 남편은 자신의 회피적인 태도가 문제라는 점을 알아야 하지만, 그러기 위해선 감정적으로 남편을 몰아세우기보다 좀 더 차분하게 힘든 부분을 전달할 수 있어야 해요. 비난하기보다는 "내가 아이랑 관련된 고민으로 스트레스를 많이 받고 있어. 당신의 도움이 필요해. 함께 해결책을 찾아봤으면 좋겠어"와 같이 남편에 대한 존중과 의존의 표현, 그리고 진솔한 감정으로 나아가보세요. 남편이 조금이라도 노력을 보이는데 그것이 자신의 기준에 미치지 못하더라도 "당신이 이 문제를 함께 고민해줘서 내 마음이 한결 편해졌어. 큰 도움이 됐어"와 같은 칭찬과 격려를 표현해보는 겁니다. 이는 도와주고 싶은 마음이 더 지속되도록 만드는 커다란 동기가 될 테니까요.

물론, 남편 역시 노력이 필요하죠. 아내가 자신을 항시 추적하고 있다고 느껴지더라도 이 상황을 회피하지 않으려고 애써야 합니다. "당신이 이 문제에 대해 걱정하고 있는 것을 알고 있고, 실은 나도 신경을 쓰고 있어. 우리 함께 해결책을 찾아보자"와 같이 회피가 아닌 적극적인 태도를 보여주는 것은 아내의 불안을 잠재우는 선순환이 됩니다.

부부가 각자의 인식을 이해하고 정서적으로 소통하기 위해 부부상담을 받는 것이 좋은 방법입니다. 아무리 부부라도 성장 과정과 기질이 다르고, 세상을 살아오면서 겪었던 어려움도 다릅니다. 상담은 이런 점을 인정하고, 각자가 자신을 객관적으로 볼 수 있는 기회가 될 수 있거든요. 제3자인 전문가를 통해 상대가 의도하지 않았지만 건드려졌던 자신의 취약한 면을 알게 되면 그 감정의 진정한 주인이 될 수 있습니다. 함께 상담 받는 게 힘들다면 일단 한 사람이라도 먼저 상담을 받는 것도 추천합니다.

우리 모두는 늘 주어진 환경에서 최선을 다해 살아왔습니다. 그런 과정에서 돌아보지 못했던 본인의 내면과의 관계가 회복될 때 비로소 불안이 줄어들 수 있습니다. 그래야 자녀 및 배우자와의 관계 또한 회복될 수 있습니다.

거절하는 연습

저는 결혼하여 가정을 이룬 30대 직장인입니다. 조부모님을 함부로 대하는 부모님이, 오히려 딸인 저에게는 효도를 요구하는 것이 너무나 스트레스입니다. 치매에 걸려 요양원에 있는 할머니를 찾아보기는커녕 만나지도 못하게 하는 부모님에게 나는 '자식의 도리'를 다해야 하는지 의문이 듭니다. 저희 부모님은 원래 조부모님과 사이가 나빴습니다. 어린 시절 제 눈에는 부모님이 조부모님을 소홀히 대하다 못해 함부로 대하는 것처럼 보였습니다. 부모님은 조부모님뿐 아니라 다른 형제들과도 왕래 없이 살았고, 집안 분위기는 늘 좋지 않았습니다. 자식과 교류가 뜸했던 할머니는 아버지와 갈등이 생길 때마다 그대로 연이 끊길까봐 걱정하시며 제가 다니는 학교까지 찾아오시곤 했습니다. "아빠는 미워도 너희들은 믿지 않단다. 누가 뭐라 해도 너는 내 손주야"라고 하시면서 용돈도 챙겨주셨죠. 언젠가 그 사실을 아버지가 알고 나서 할머니에게 소리를 지르며 무례하게 대하는 모습을 보고 충격을 받은 적도 있습니다.

지금 할머니는 치매에 걸려 요양원에 계시지만 부모님은 한 번도 찾아간 적이 없습니다. 할머니가 돌아가시기 전에 한 번만이라도 찾아뵙고 싶은데 요양원이 어디인지 물어도 절대 알려주지 않습니다. 조부모님과 부모님 사이에 어떤 일이 있었는지 알지 못합니다. 아버지는 예전이나 지금이나 조부모님에 대해 언급하는 것 자체를 싫어하고 사연을 물어도 알 필요가 없다며 오히려 역정을 내십니다.

제가 힘든 건, 그런 부모님이 저에게 자식 된 도리를 하길 원한다는 겁니다. 고향을 떠나 타지에서 결혼해 독립한 저에게 부모님은 전화를 걸어 "왜 연락이 없냐?" "왜 집에 오지 않냐" "부모를 모르는 애가 사회 나가서 뭘 할 수 있겠냐" 등 온갖 핀잔을 쏟아냅니다. 그때마다 이런 생각만 듭니다. '자기 부모에게 불효하면서 자식에게 효도를 받을 자격이 있나?' 부모님과 마주하는 게 불편하다 보니 전화 통화는 물론이고 어버이날, 생일 같은 가족 행사가 다가올 때마다 마음이 불안합니다.

부모님은 남아선호사상이 유독 심했습니다. 아들이 귀한

집안이라 내리 셋째 딸인 제가 태어났을 때 슬픔의 눈물을 흘렸다고 합니다. 그 후에 남동생이 태어났을 땐 세상에서 가장 기뻤다고 공공연하게 말합니다. 저는 어린 시절 부모님의 사랑을 느껴보지 못한 채 무관심과 방치 속에서 외롭게 자랐습니다. 그 때문인지 성인이 됐을 때 누군가 제게 잘 해주기라도 하면 '사랑하지도 않으면서 왜 잘 해주지'라고 생각이 들어 자꾸 밀어내기 바빴습니다.

연로해진 부모님을 보면서, 더 이상 실망시키면 안 된다는 생각에 잘 하려고 하다가도 제가 부모님을 전혀 사랑하지 않는다는 사실이 상기될 때마다 저의 행동이 가식으로 느껴졌습니다. 무관심 속에서 자식을 키웠고, 정작 자기 부모에게 불효하고 있는 제 부모님은 저에게 어떤 방식으로 효도받기를 바라시는 걸까요.

지나치게 눈치 보는 타인 지향적 성향

이 사연을 언뜻 보면, 조부모에겐 효도하지 않으면서 자식에게 효도를 강요하는 부모의 태도를 원망하는 것이 주된 고민이라고 여겨집니다. 하지만 정말로 근본적인 고통의 원인은 부모와 나의 '관계' 문제에 있습니다.

1차적으로 부모님이 조부모님을 대하는 방식을 보고 큰 충격을 받았다고 했지만, 실제적 문제는 그 이유 때문에 출발한 것이 아닙니다. 어렸을 적에 부모님의 사랑과 관심을 충분히 경험하면 성인이 된 후 정서적 독립이 잘 이루어집니다. 그러나 그 사랑을 제대로 경험하지 못하면 성인이 되어서도 지나친 정서적 의존 상태가 지속되며 서로 간에 좋지 않은 영향을 지나치게 많이 받아 상처를 주고받게 됩니다.

제가 보기에 사연의 주인공은 부모님으로부터 정서적인 독립이 아직 잘 이뤄지지 않은 것 같아요. 정작 중요한 정서적 관계 문제를 건드리지 못하고 형식적인 행동을 기준으로 '효도'를 거론하며 서운한 이야기만 하다가 마음의 갈등이 해결되지 않고 악화되고 있는 것 같습니다.

자식의 도리를 생각하기 전에, 먼저 내 자신의 솔직한 감정에 대한 이해부터 출발해봅시다. 결혼 후 독립하기까지 부모님과의 관계가 편안하지 않았을 겁니다. 어린 시절 부모와 맺은 관계가 인간관계의 패턴을 결정한다는 것은 잘 알려진 이야기입니다. 누군가 잘해줘도 그 사람의 마음을 의심해 호의를 진심으로 받아들이지 못하는 성향의 사람들이 있지요. 어린 시절 부모의 사랑을 충분히 받지 못한 경험이 이후의 삶에도 적지 않은 영향을 미치기 때문이에요. 인간관계에서도 지나치게 다른 사람의 눈치를 보고, 자기 마음을 표현하지도 못하는, 타인 지향적인 성향을 갖게 되는 것이지요.

부모님과의 관계도 마찬가지입니다. 사연에서 부모님은 딸에 대한 불만을 가감 없이 이야기하고 있어요. 반면 딸은 그런 말을 들을 때마다 부모님의 한마디 한마디에 눈치를 보고 관계가 깨질까봐 불안해합니다. 부모님께 참 많이 실망했으면서도, 정작 부모님을 더 이상 실망시키면 안 된다는 생각에 사로잡히고 그대로 행동한다는 점이 그 증거죠.

부모님으로부터 안정적으로 독립된, 즉 자아 분화가 잘 된 사람이라면 '효도하라'는 부모님의 요구에 대해 자신의 서운함이나 의구심 등을 솔직하게 표현하거나, 때로는 차분하게 되받아칠 수 있을 거예요. 그런데 사연의 주인공은 그렇게 하기보다는 반사적으로 '내가 무엇을 바꿔야 하지?'라며 속으로 끙끙 앓기만 하고 있네요.

이런 영향을 받은 사람은 부모님으로부터 여전히 인정받고 싶기에 아무리 불만이 있어도 결국 부모의 요구를 거절하지 못합니다. 이를 따르기에는 어린 시절의 서운한 감정이 너무 버겁게 자리해 순간순간 고통스러울 겁니다. 그렇다고 외면하려고 하면 내 자신이 자식의 도리를 저버리는 나쁜 사람이 되는 것 같아 두렵죠. 더 근본적인 두려움은 부모님께 지금이라도 인정과 사랑을 받을 기회를 아예 날려버릴지도 모른다는 두려움이고요.

부모와 자식의 관계란 뭘까요. 분명한 건 건강한 부모 자식 관계는 '효도'라는 굴레에 휘둘리는 관계가 아니라는 점입니다. 자신의 마음과 상관없이 과도하게 노력하는 것은 부자연스러운 관계 맺기죠. 부모님이 섭섭함을 표현해도 자기가 감당할 수 있을 선을 지키는 것이 건강한 관계를 만드는 단초입니다.

부모 중심이 아닌 '나'를 중심으로

일단 오랜 시간 억눌려 있던 내면을 드러내는 연습을 시작했으면 좋겠습니다. 우선 '내가 느끼는 감정은 내 입장에서는 100퍼센트 맞다'라고 인정하는 겁니다.

자녀로서 부모에 대해 양가적인 감정을
갖는 건 자연스러운 일입니다.
대부분의 사람이 부모의 어떤 면은 싫어하면서도
동시에 사랑받고 싶어 하니까요.

내면을 깊이 들여다볼 수 있다면 아마도 부모님으로부터 충분한 사랑과 관심을 받지 못해 생긴 원망과 미움이 있을 거예요.

부모님의 사랑은 예나 지금이나 우리 모두에게 중요하고 필요한 대상입니다.

부모에게 자식의 도리를 다해야 한다는 선한 명분으로 억지로 감당해내려고 했던 자신의 태도 또한 마찬가지입니다. 본질적으로는 부모로부터 사랑받고, 인정받고 싶은 욕구로부터 나온 것이니까요. 그렇게 시작한 효도는 겉으로 보면 자의적인 것 같지만 본질적으로는 타인 지향적인 행동입니다.

부모님의 사랑과 이해를 바라는 데서 비롯된 효도겠지만, 그렇게 해도 내 자신이 가진 결핍감이 근본적으로 해소되진 않을 겁니다. 불안이 잠시 해소되는 느낌뿐이죠. 사연에 나오는 부모님의 입장을 헤아려보건대 조부모님과의 관계에서 겪은 아픔으로 인해 자녀와의 관계에 대한 기대치가 높아 효도에 집착하는 걸지도 모릅니다. 냉정한 말일 수도 있지만, 이런 과거의 비극들은 손녀이자 딸인 이 여성분이 헤아리고 해결해야 할 것이 아니라 부모님의 사정인 것이죠.

자기 삶을 주도적으로 살아갈 힘을 기르는 것이 중요합니다. 그러기 위해선 자신과 부모님 사이의 좋은 기억과 안 좋은 기억을 있는 그대로 바라보고, 그들의 인생에서 나라는 존재는 철저히 분리해야 해요. 조부모에게 신경 쓰지 않는 부모를 향해 '자기 부모한테 함부로 대하고 자식을 사랑하지도 않는 사람이 어떻게 효도를 기대하지?'라는 불만은 부모 중심의 생각입니다.

여기서 '내 부모는 미성숙한 태도로 부모와 자식을 대했지만, 나는 그렇게 살지 않고 오히려 더욱 성숙한 인간으로 성장할 거야' 하는, 즉 나를 중심에 둔 생각으로 방향을 바꾸는 겁니다.

이런 상황에서 제가 드릴 수 있는 실질적인 조언은 '거절하는 연습'을 해보시라는 겁니다. 당장은 단호하게 의사 표시를 하는 것이 힘들다면 은근한 저항도 좋습니다. 반사적으로 적극 반응하지 않고 조금이라도 소극적으로 반응하기, 그리고 끌려가지 않고 그냥 그 자리에 멈춰 있기부터 시작해보세요.

예를 들어, 자발적이지 않은 불안에서 시작된 연락이나 방문을 멈춰보는 겁니다. 노력하다가 실패하는 경험도 도움이 됩니다. 그러한 과정은, 내가 얼마나 반사적으로 행동하는지, 또 부모님의 반응에 대해 어떤 감정들을 느끼고 있는지를 섬세하게 알게 되는 긍정적 측면이 있으니까요. 또 그런 자기 감정 인식이 반복되며 점차 독립적인 인격으로 회복될 수 있습니다.

이미 부모님을 포함한 인간관계에서 갈등이 있을 때마다 자기 자신을 성찰하려고 노력해왔다면 그 자체만으로 훌륭하고 앞으로의 발전 가능성도 무한합니다. 다만, 자기 자신을 탓하는 방향이 아닌 자기편이 되어주는 방향으로 전환하면 더 좋을 것 같습니다. 당신이 느끼는 모든 감정은 전적으로 옳습니다. 그 확신으로 꿋꿋이 자신의 마음과 친하게 지내는 삶을 살아가길 바랍니다.

어느새 익숙해진 피학적 성향

—

엄마와 딸의 관계는 무척이나 애틋하고 소중하지요. 장성한 딸이 결혼하여 아이 엄마가 되어보면 그제야 비로소 엄마의 인생과 감정을 되돌아보며 몰랐던 엄마의 입장을 이해하곤 합니다. 그렇지만 어머니라는 존재가 준 상처와 괴로움 때문에 결혼한 이후에까지 스트레스에 시달리는 여성이 있었습니다.

그는 자신의 어머니를 소개하기를 '마음의 병이 깊은 분' '가족은 관심 없고 평생 신세 한탄만 하는 분'으로 표현하였습니다. 그녀의 어머니는 결혼하여 15년간 시부모를 모시고 살았다 합니다. 어머니는 본인이 장녀임에도 몸이 아픈 친정부모를 두고 시집살이를 하게 되어 장녀노릇을 못하게 된 점에 대해 늘 억울함을 호소했습니다. 자신의 불행은 모두 남편 때문이라는 말을 입에 달고 살았던 거죠.

15년 동안의 시집살이를 마치고 분가한 이후, 그때부터 묵혔던 감정이 터지듯 어머니는 남편과 자식은 신경 쓰지 않고 친남매, 친자매들만 챙기기 시작했습니다. 엄청난 금액의 선물을 수시로 사주는가 하면, 심지어 치매를 앓는 오빠를 가족 동의도 구하지 않고 자기 집으로 모셔와 간병한 지도 10년이 되었다고 합니다. 가족들은 불만 가득했지만 최대한 협조하며 참아왔다고 하네요. 중증환자를 간호하는 것에 온 신경을 쓰느라 남편은 거실에서 자야 했고, 자식들도 치매 삼촌의 목욕을 같이 도와야 했습니다.

아버지가 성실히 직장생활을 했음에도 엄마의 헤픈 돈관리로 인해 돈이 거의 모이지 않았다는 것을 알게 되었지요. 그럼에도 퇴직한 남편에게 "돈 벌어와" 하며 소리치면서 여전히 예의 그 '15년간 시집살이 당했다' '네 아빠 집안에 내 인생을 바쳤다'라는 말을 버릇처럼 반복했습니다. 친할아버지의 장례에도 오지 않자 아버지는 이혼을 결심하였고, 남동생마저 어머니랑 의절한 상태라고 하네요. 고민을 보내온 이 여성 또한 어머니에 대한 마음이 차갑게 식어갔습니다.

"인간적으로 안쓰러울 때도 있었는데 이젠 그런 생각도 들지 않아요. 시집살이를 당했다는 핑계 하나로 결국 집안을 풍비박산 냈다는 생각이 들어 너무 원망스럽고 화가 납니다. 늘 본인의 요구사항을 이야기하면서 저의 안부 한번 묻지 않는 엄마를 보면서 마음이 차갑게 식어가요. 평생 시집살이 운운하는 엄마…… 저 역시 연을 끊어야 할까요."

대체 누구를 위한 희생인가?

딸은 엄마의 삶을 누구보다 가까이에서 지켜본 사람입니다. 하지만 이런 사연을 가진 경우라면 아무리 친정엄마라도 이해하기가 쉽지 않죠. 15년 시집살이는 이미 끝났고, 집안 형편도 여유 있었고, 자식들도 다 키워 잘 살고 있는데 도대체 우리 엄마는 왜 이럴까 싶어 원망하는 게 당연합니다.

어머니를 이해하기 위해선 먼저 어머니의 인생과 마음을 들여다볼 필요가 있는 것 같아요. 어머니 세대는 가족과 타인에 대한 자기희생을 당연하게 생각하는 경우가 많습니다. 가부장적 색채가 짙은 사회 분위기 속에서 어린 시절에는 맏딸로 집안을 돌보고, 결혼해서는 자신이 원치 않아도 시댁 가족을 돌봐야 했죠. 당연히 그래야만 하는 줄 알고 본인을 지운 채 오랜 세월 장녀, 며느리의 역할만 수행해온 것이지요.

위에 등장하는 어머니는 거기에 더해 15년간 시집살이를 했습니다. 본인의 부모가 아픈 데다가 어린 동생들을 챙겨야 한다는 마음의 짐을 안은 채 말이죠. 그런데 문제는 시집살이가 끝난 이후였어요. 어떻게 된 게, 예전보다 훨씬 힘든 돌봄을 자처한 것이죠. 미련하리만큼 다른 가족만 생각하면서 감당하지 못할 짐을 스스로 다시 짊어진 겁니다.

남을 돌보고 돕는 것이 본인을 기쁘게 하고 삶을 풍요롭게 만들 수 있다면 이는 너무나 좋은 삶의 방식입니다. 하지만 그 희생이 내 삶에 현실적으로 문제가 되는 정도라면 다른 관점에서 볼 필요가 있습니다. 이 어머니는 시집살이가 끝난 직후부터 본인의 형제자매를 돕는 데는 두 손 두 발을 다 들고 나서지만, 자신과 자기 가정을 돌보는 일은 등한시했습니다.

항상 자신보다 타인을 먼저 생각하고, 자신의 희생을 감수하면서 다른 사람에게 도움이 되고자 했겠지요. 하지만 추측컨대 어머니의 내면은 '내 고통은 무시하고 남을 위해 희생해야 한다'는 무언의 압력으로 인해 억눌린 억울함과 분노가 상당히 큰 상태로 보입니다. 정작 어머니 자신은 낮은 자존감으로 고통받으며, 지금의 희생이라도 멈추면 다른 사람들이 자신을 떠날 거라는 불안감에 시달리면서 살아왔을 거예요. 그러면서 현실적인 문제보다는 도덕적 우월감에 더 큰 관심을 갖게 되었지요.

이러한 성향의 사람을 두고 '피학적 성격'이라 합니다. 척박한 환경에서 남들의 관심과 사랑을 얻기 위해 자연스러운 이기심을 억누르고 자신을 헌신하는 관계를 반복하며 끊임없이 자기희생과 고통을 동력으로 삼아 살아가는 사람이죠. 어머니에겐 그런 삶의 태도가 너무 오랫동안 몸에 배어 있었습니다.

희생하며 살아온 그 나이대의 여성들이 그렇듯, 이 어머니 역시 자기를 중심에 두고 사는 삶에 익숙지가 않은 것이지요. 가족들과의 관계에서 가족과 나 사이의 경계선을 세우고 거리두기를 하는 방법 자체를 모르니까요. 그러니 이제 와서 자식이 그동안 쌓인 부정적인 감정을 어머니에게 쏟아내고 지적해도 쉽게 변화되지 않을 겁니다.

내 부모를 객관적으로 이해하기

이런 상황에서는 당장 할 수 있는 일이 '어머니 자체를 이해'하는 과정입니다. 어머니의 성향을 충분히 알고, 그래서 어머니의 요구에 거리를 두고 응한다면 어머니에 대한 감정을 조절하는 데 상당한 도움이 될 것입니다. 특히 사연 속 어머니와 같은 피학적 성격 특성에는 '희생에 대한 인정과 격려'가 오히려 독이라는 점을 기억해야 합니다. 가령 어머니가 '15년 시집살이'를 언급하며 희생을 강조할 때 "고생한 건 공감하지만, 그건 다른 누구도 아닌 바로 엄마 자신이 선택했던 삶이야. 그런데도 이후로는 '친정살이'처럼 내가 보기엔 엄마가 계속 희생을 자처하는 것 같고, 결코 행복해 보이지 않아. 나는 엄마가 행복하면 좋겠어"라는 메시지를 반복적으로 전달하는 것이 좋겠습니다.

피학적 경향성을 극복할 수 있는
가장 좋은 방법은
자기 자신을 삶의 중심에 두는 것입니다.

자기를 중심에 둔다는 것은 그저 이기적인 것만이 아닌 '자기 삶에 책임을 지는 것'을 의미합니다. 15년의 시집살이나 10년간의 병 수발이 다른 누구도 아닌 어머니 스스로 선택한 삶이라는 인식을 갖는 것이 중요합니다.

어머니 때문에 힘들어하던 자식 입장에서 그간 어머니와의 관계에서 원치 않는 스트레스를 많이 받아 왔습니다. 누구보다 어머니의 삶을 잘 알고 있고, 그만큼 어머니를 향한 애증이 크지 않았을까요. 쉽지 않겠지만 어머니의 행동이나 생각을 바꾸겠다는 다짐보다는, 어머니의 성격 자체를 그대로 바라볼 수 있도록 노력해보세요. 그 과정에서 마음에 남아 있는 어머니에 대한 원망, 서운함, 분노 같은 부정적인 감정 또한 그대로 인정하는 것이 좋습니다.

어머니의 행동이나 생각이 바뀌지 않고도, 어머니와 연을 끊지 않고도 내 마음이 편해질 수 있을지 의구심이 들지도 모르겠습니다.

어머니는 지금까지 살아오며 반복해온 삶의 패턴이 견고해 타의에 의해서 바뀌기는 결코 쉽지 않습니다. 또한 내 마음이 정리되지 않은 상태에서는 연을 끊더라도 물리적인 거리두기가 될 뿐, 심리적으로는 늘 자신의 마음에 죄책감과 찝찝함으로 남는 경우가 많습니다. 그러면 결국 내 삶에 집중할 수 없고 어머니에 대한 감정에 영향을 받는 상태가 됩니다. 문제의 핵심은 평생 동안 한탄만 하는 엄마 자체가 아니라, 그런 엄마에 대한 나의 복잡한 감정이기 때문입니다.

사랑하는 가족의 한계를 직면하고 수용하는 것은 무척 실망스럽고 고통스러운 일입니다. 그러나 이를 온전히 수용할 때 상대방에 대한 나의 기대와 고통을 조절할 수 있고, 그래야 내 삶에 집중할 수 있다는 점을 명심하시길 바랍니다.

우울증이 치료될까봐 두려운 환자

—

가족과의 갈등이나 유년시절부터 시작된 마음의 상처, 혹은 거듭된 실패와 낙심으로 우울증 증세를 겪는 여러 경우들을 보았습니다. 그런데 이번에는 조금 다른 상황으로 인해 고민하고 있는 한 여성분 이야기를 들려드릴까 합니다. 어려서부터 한집에서 할아버지와 아버지의 알코올 문제를 겪으면서, 남동생마저 이를 닮을까 전전긍긍하며 자란 분이었는데요. 그래도 유일하게 잘 맞았던 어머니와의 유대가 좋아서 서로 의지하면서 자라와 무난히 사회생활을 하고 있는 어른이 되었습니다. 그런데 너무나도 무기력하고 타인과 어울리고 싶지 않아, 회사 이외의 장소에서는 늘 집안에서 조용히 아무것도 하지 않는 생활을 보냈다고 하네요. 자기 자신이 사회성도 부족하고, 별다른 취미나 특기도 없는 재미없는 사람으로 여겨진다고 합니다. 이러한 우울증을 고치고자 어느 정신건강의학과 진료를 보게 되었습니다. 1년여 동안 의사 선생님과 상담을 주고받으며 조금씩 호전되는 것을 느꼈지요. 그런데 어느 날 의사선생님이 "증상이 많이 나아졌네요"라는 말에 당연히 기분이 좋아야 할 텐데, 이 여성분은 오히려 심장이 덜컹 내려앉는 기분이었다 하네요. 그간 상담을 통해 만나오던 의사 선생님께 너무 의지를 했었던 건지, 진료가 완전히 종결될까봐 겁이 났던 겁니다.

"한 달에 한 번 정신과 진료를 받을 날만 손꼽아 기다립니다. 제 이야기를 공감해주며 들어주는 사람을 만난다는 일이 그렇게 좋을 수가 없었어요. 할 수만 있다면 이 선생님께서 병원 문을 닫는 날까지 계속 다니고 싶습니다. 하지만 선생님이 나이가 있으셔서 앞으로 10년 정도밖에 더 일하지 못할 것 같다는 두려움도 있어요."

이런 생각 때문인지 우울증에서 조금씩 벗어나는 것 자체가 무섭다고 이야기하는 아이러니한 상황인 거지요. 아직도 자신을 의지하는 연로한 부모님의 존재도 여전히 이 여성에게는 부담스럽고 벗어나고픈 고통이라 합니다. 우울증이 나아져야 한다고 당연히 생각하지만, 계속 정신과 진료를 받고 싶다니, 스스로 생각해도 이해가 가지 않았겠지요.

너무 강한 의존성을 가진 부모

정신과 진료와 주치의를 둘러싼 혼란스러운 감정은 낯설고 또 이해하기 어려운 마음일 수 있습니다. 하지만 사실, 치료 과정에서 의사에게 의지하고 의존하는 것 자체가 이상하거나 드문 일은 아닙니다. 특히 정신과 의사의 경우 더욱 그러기 쉽습니다. 이런 상황 자체에 자신을 지나치게 탓할 필요는 없다고 봅니다.

'의사 선생님과 계속 만나고 싶다'는 욕구는 내면에 있는 '의존성'에서 나옵니다. 이런 의존성은 그 사람의 성장 과정에서 비롯됐을 가능성이 큽니다. 술을 마시고 폭력을 휘두르는 배우자를 견디면서 살아온 사람과, 이를 지켜보며 자란 자녀 역시 마찬가지입니다. 어린아이는 부모에게 보호받으며 안정감을 느끼고 충분히 의존하면서 성장해야 합니다. 하지만 그럴 수 없는 환경에서 의존 욕구가 충족되지 못하면 성인이 된 후에도 결핍감이 지속됩니다. 그래서 의존할 대상을 무의식적으로 꾸준히 탐색하게 되지요.

이 여성의 어머니 또한 의존성이 강한 분으로 추측됩니다. 시아버지와 남편 등으로 인한 본인의 어려움을 어린 딸인 이 여성에게 하소연하며 의지하고, 딸 또한 그런 어머니에게 버팀목이 되는 관계가 됐을 것입니다. 의존적인 성향을 가진 사람은 피학적인 관계를 통해 자존감을 키우기도 합니다. 폭력이나 폭언 등 부도덕적인 상황을 참고 견디는 자신이 (가해자보다) 더 도덕적인 존재이고, 참고 희생하는 사람이라고 여기게 되는 것이죠. 어머니도 그랬던 것처럼, 딸인 여성분도 현재 연로하신 부모님을 챙기며 이와 같은 일종의 심리적 이득이 생길 수 있습니다.

그렇다면 이렇게 말해주고 싶습니다. 정신과 의사에게 기대려는 눈앞의 현상보다, 당신의 내면에 있는 의존성 해소에 집중해야 한다고요. 누군가에게 정서적인 지지를 받고 싶어 하면서 타인에게 의지하다 보면 자신도 모르게 스스로를 부족한 사람이라고 여기기 쉽습니다. 이런 악순환이 반복되면 본인의 능력이나 판단력을 불신하게 될 위험이 있습니다.

'타인에게 절대 의지해서는 안 된다, 관계를 당장 끊어야 한다'는 말씀을 드리려는 것이 아닙니다. 강한 의존성 문제를 해결하려면 독립을 돕는 전문가에게 의지하는 과정을 일종의 과도기처럼 거쳐야 합니다. 이 역시 자연스러운 현상이기 때문에 자신의 솔직한 감정과 마음을 담당 의사에게 털어놓는 것이 필요합니다. 주치의는 현재 환자에게서 보이는 의사에 대한 의존 욕구를 서서히, 견딜 수 있을 수준으로 좌절시키면서 정신적인 독립을 돕는 단계를 밟도록 도울 것입니다.

스스로에게 제한을 두지 마라

무엇보다 스스로의 노력이 필요합니다. 알게 모르게 타인에게 의지하면서 스스로 결정하거나 판단하려 하지 않는 습관을 떨쳐내야 합니다. 아주 작고 사소한 것부터 스스로 결정해보면 어떨까요. 식사 때 무엇을 먹을지, 내가 번 돈을 어디에 쓸지 등을 부모나 주변 사람, 혹은 환경에 맞추지 말고 마음 가는 대로 해보는 겁니다. 이런 판단을 내릴 때 마음이 찝찝하고 불안하더라도 이를 견뎌내야 점차 자기 마음에 집중할 수 있고, 나아가 자기에 대한 확신이 생깁니다.

누군가에게 의존하는 모습을 보이는 자기 자신을 깎아내릴 필요는 없습니다. 아무리 스스로가 '사회성 부족에, 취미도 없는 재미없는 사람'이라 여겨지더라도 그건 자기 고유의 스타일인 것입니다. 사람들은 스타일이 저마다 달라요. 여럿이서 만나는 자리가 아니라 소수의 친구들과 관계를 맺는 방식을 선호한다고 해서 성격에 문제가 있거나 뒤떨어지는 사람이 아닌 것입니다.

물론 스스로에게 지나친 제한을 두는 성향이 있다면, 조금씩이나마 이런 선을 벗어나려 시도해보는 것은 분명 도움이 됩니다. 가끔은 소그룹 모임이나 취미 동호회 활동을 시도해보는 방법으로요. 또 독서나 그림, 요리 등 본인에게 맞는 취미를 찾아보는 과정도 자기 확신을 가지는 데 영향을 줄 거예요. "나는 이런 일을 하는 걸 좋아하는 사람이다"라는 깨달음을 갖게 되는 것이죠.

연로한 부모님이 자기만 바라보는 것 같은 부담감도 마찬가지 아닐까요. '의지'라는 개념은 상호적이라서 누군가가 자신을 의지한다는 일이 부담스러우면서도 한편으로는 만족스러울 수 있습니다. 그래서 부모님의 요구대로 해드리게 되면 오히려 당신에 대한 부모님의 의존성을 키우기도 합니다. 의지하고 싶은 마음을 누구보다 잘 알기에 그런 부모님과 스스로를 지나치게 동일시하면서 요구를 거절하기 힘든 거죠. 부모님이 갑자기 아프게 되면 이러한 자식은 모든 것을 뒤로한 채 앞장서서 돕게 될 테니까요.

책임감을 갖고 자기 역할을 잘 수행해온 사람들 가운데 이런 짐을 지고 있는 분들이 많습니다. 제가 이야기한 해법이 지금 당장은 버겁더라도 하나씩 풀어나간다면 자신의 인생을 스스로 선택하고 결정해나갈 수 있을 거예요. 누구에게도 기대지 않고 말입니다.

내 감정이
문을 두드릴 때

: 받아들이기 힘든 감정을 대하는 방법

착한 아이 콤플렉스

🌱

저는 스스로 '착한 아이 강박'에 빠져 있다고 느낍니다. 평생 최고 등급 모범생이었어요. 부모님부터 선생님, 회사 상사까지, 어른의 말이라면 최대한 고분고분 따라야 한다고 여기며 40여 년을 살아왔습니다. 세 자매 중 장녀로 태어나 공부도 잘하고 부모님 기대가 컸어요. 특히 자식 키우느라 좋은 직업을 포기하신 어머니가 "내가 못다 펼친 꿈을 네가 활짝 펼쳐라. 있는 힘껏 지원해줄게"라며 헌신하셨지요.

그런 두 분의 기대와 희생에 보답하는 것이 당연하다고 생각했습니다. 제 마음속엔 어머니에 대한 부채 의식이 있는 것 같아요. 학창 시절에 왕따를 당했을 때도 이런 일을 겪는 자신이 미웠고, 또 속상해하실 어머니에게 죄송하기만 했습니다.

장녀로서 부모님께 빚을 갚겠다고 다짐하고 성실하게 살아온 결과 사회적으로 상당한 성취를 이뤘습니다. 이른바 좋은 대학과 대학원을 나와 자격증 있는 전문직 종사자가 됐습니다. 그리고 같은 직종의 남편을 만나 가정을 이뤘습니다. 시가는 친정보다 경제적으로 풍족합니다. 그것 때문인지 시부모님이 저와 친정을 은근히 무시하십니다. 결혼 초부터 저를 가부장제의 전형적 며느리의 틀에 맞추려 하셨어요. 시부모님의 탄압으로 건강이 상할 정도였고, 친구들은 '막장 드라마에 나오는 시가 같다'고 입을 모았습니다. 시부모님은 제 면전에서 부모님을 여러 차례 모욕하기도 하셨습니다. 모종의 사건으로 결혼 직후 양가 부모님이 교류를 끊어 부모님은 저와 시부모님의 관계를 속속들이 알지는 못하세요. 그래도 부모님께 너무나 죄송스럽습니다. 결혼으로 독립한 뒤 완벽한 행복을 일구지 못한 점이 죄송스럽고, 부모님을 욕보인 것도 죄송스럽고, 사랑받는 며느리가 되어 부모님을 안심시키지 못한 점도 죄송스럽습니다. 남편과는 아무런 문제가 없어요. 남편은 시부모님께 직접 항의하진 않았지만, 저를 이해하고 보호해줍니다. 저는 10여 년째 시가에 최소한의 도리만 하고 있어요. 이대로 행복을 찾으면 좋으련만 좀처럼 나아지지가 않습니다. '시

부모님이라는 중요한 어른들이 흡족해하는 며느리가 되지 못한 건 결국 내 잘못 아닐까' '내가 더 잘해서 가족 전체의 관계를 원만하게 끌고 가야 부모님이 더 좋아하지 않으실까' 같은 생각을 떨치지 못하겠어요.

남편도 은근히 저에게 서운한 감정을 비추기도 합니다. 여러 감정들 사이를 무수히 오가지만, 제 감정을 겉으로 토로한다면 남편이나 부모님의 마음을 다치게 할까봐 두려워서 그저 속으로만 삼키고 있습니다.

죄책감이라는 방어기제

나를 키우느라 고생하신 부모님에게 감사하는 것은 당연한 일이지만, 감사를 넘어 부모에게 부채의식을 지닌 채 살고 있는 사람들이 있습니다. 그런 사람들은 모든 생각과 판단의 기준이 자기가 아닌 부모에게 맞춰진 듯 보이지요.

이 사연자가 그러합니다. 시댁과 원만치 않은 관계로 인해 충분히 고통스러운데, 자신의 불행보다 내 친정 부모에게 그럴 듯한 모습을 보여드리지 못한 것에 대해 더 큰 스트레스를 받고 있으니까요. 또 결혼이라는, 부모로부터 독립한 상황에서도 어머니의 마음을 마치 자신의 마음처럼 헤아리며 동일시하고 있습니다. 시부모님에게 거리를 뒀다는 사실로 인해 생기는 죄책감 역시도 무의식적으로는 부모님을 향한 죄책감과 이어져 있을 수 있습니다.

어려서부터 엄마의 기대를 받는 착한 아이로서 결코 가볍지 않은 '책임감'을 짊어지고 살았던 사람은 그 모범성만큼이나 상처가 있을 수 있습니다. 세상의 모든 어린이는 어린이답게 부모에게 충분히 의지하고 때로는 자기 주장을 위해 떼도 쓰면서 자라야 합니다. 일종의 강박성 성격은 이처럼 성장 과정에서 충분히 채워지지 못한 의존 욕구로 인해 형성된 경우가 적지 않은 까닭입니다.

자연스레 자신에 대한 기준이나 잣대도 높아지게 되지요. 이런 높은 기준에 맞춰 제대로 무언가를 수행하지 못하고, 또 완벽하지 않아서 왠지 처벌받을 것 같다는 느낌을 받을 수도 있습니다. 이런 사람들은 누구보다도 열심히 살아왔고 성과도 있었지만 근본적인 자존감 상승으로 이어지기는 어려울 수밖에 없어요. 내부의 동기에 의한 성취가 아니라 외부에 있는 내 부모를 기쁘게 하거나 만족시키려는 노력이었기에 밑 빠진 독에 물 붓기처럼 아무리 부어도 채워지지 않을 겁니다.

강박적 성격은 같은 이유로 자연스러운 감정 표현을 어렵게 만들기도 합니다. 아이답게 굴었다가 내 부모를 힘들게 할 수 있다는 생각에 모범적인 행동만 보이게 되는 것처럼요. 감정의 억압은 가족뿐 아니라 대인관계의 어려움을 가져오기도 합니다. 힘들었던 학창 시절의 교우 관계는 물론이고, 시부모님을 제외하고는 문제가 없어 보이는 부부관계, 또 친정 가족들과의 관계도 사실은 자신의 감정을 억압해서 생기는 결과물일 수 있습니다.

자신보다 어머니를 위한 삶을 살았던 사연자는 무엇보다 어머니와 관련된 구체적인 감정부터 살펴야 합니다. 부모와 자식 관계에서는 자연스레 원망이나 섭섭함, 미움도 생기기 마련입니다. 그러나 사연자의 이야기에는 오직 어머니를 향한 죄책감만이 느껴집니다. 자신이 어렸을 적 겪었던 아픔을 놓고서도 얼마든지 '어머니가 제대로 위로해주지 못했다'거나 '어머니의 기대가 부담스럽다'는 원망스럽거나 섭섭한 감정이 생기는 게 당연합니다. 하지만 이 분은 인간이라면 자연스럽게 생겨나는 복잡한 감정을 단순히 '내 탓'으로 모는 식으로 금방 해결해버리곤 하는 것 같아 보여요.

이런 죄책감은 본인의 방어기제일 수 있습니다. 자신의 감정을 그다지 살피지 않는 것이 이미 굳어진 상황에서는 당신의 자연스러운 감정을 회복하는 일이 가장 중요합니다. 이를 위해서는 어머니에 대한 구체적인 감정을 인식해야 합니다. 어머니가 가족을 위해 희생했다는 단순한 이미지가 아니라, 어머니와 관련된 어떤 순간에 자신이 느낀 슬픔이나 동정, 안타까움 등 솔직한 감정을 살펴야 합니다. 그러다 보면 나와 어머니가 분리된 존재라는 사실을 인식하게 될 것입니다.

우선순위는 남이 아닌 나

다음으론 타인과도 자신을 의식적으로 분리하는 연습을 권합니다. 자신의 감정이나 욕구를 잘 인식하고 자연스럽게 표현해야지 이런 경계 짓기가 가능해집니다. 취미, 운동, 명상, 휴식 등 무엇이든 본인만을 위한 시간을 가지고 자신에게 집중해보는 거죠. 다른 사람을 돌보거나 타인과의 관계에 몰두하는 것이 아니라 자신의 행복과 성취를 계속 탐색해보세요. 우선순위는 누구보다도 본인이 되어야 합니다. 당장의 변화가 어렵게 느껴지고 부담스럽다면, 일주일 중 딱 하루만 정해서 그러한 실천을 해보는 것도 좋습니다. 예를 들어, 수요일만은 가족을 포함한 타인의 요구는 최대한 거절해보고 오롯이 나를 위한 시간을 써보겠다는 것입니다.

물론 이것도 쉽지 않을 겁니다. 부모, 남편, 아이, 시댁 등 내 주위 사람들이 나를 어떻게 볼까 두려움도 생길 겁니다. 나도 모르게 또 타인에게 시선을 주고, 또다시 타인을 우선순위에 두게 될 수 있어요. 하지만 좌절에 빠지기보다는 그럴 때마다 '내가 지금 또 나에게서 시선을 돌리고 있구나'라고 다시 자신의 마음을 돌아보길 바랍니다.

살아오면서 감정을 솔직하게 표현한 경험이 부족한 사람들은 이런 연습이 어려울 수밖에 없습니다. 그간 알게 모르게 내 안에 쌓인 해묵은 감정도 있을 겁니다. 그래서 감정을 드러낸다는 것을 일종의 폭발이나 분출로 이해할 수도 있지요. 감정을 드러냈다가는 지금까지 억눌려 쌓인 모든 것을 터뜨릴 것 같고, 그랬다가는 주변으로부터 이해받지 못할 거라 두려울 수도 있습니다.

그러나 두렵더라도 표현을 조금씩이라도 하고 살아야 합니다. 자신의 감정 자체는 결코 두려워해야 하는 것이 아닙니다. 오히려 오랫동안 억압했기 때문에 그렇게 느껴질 뿐이지요. 자꾸 표현하고 또 내비쳐야 주변의 소중한 이들과 진정한 의미의 정서적 지지 관계를 맺는 일이 가능해집니다. 그때야 비로소 내면의 평안이 찾아오겠지요.

누군가를 미워해도 괜찮다

—

초등학생 때부터 제 몸은 멍투성이였습니다. 신발을 빼앗겨 한겨울에 맨발로 집에 들어온 적도 있었고, 교복과 신발이 피범벅인 적도 많았습니다. 그걸 보고도 부모님은 신경 쓰지 않았지요. 그런 부모님이 원망스러웠지만 머리로는 이해합니다. 부모도 한때는 아이였고 성숙하지 못한 상태로 자식을 낳고 키우셨으니까요. 절 괴롭혔던 친구들과 형도 그랬을 겁니다. 이성적으로 그렇게 생각하면서도 아직도 그때 꿈을 꾸고 있어요. 꿈에서는 당시 교실에서 당하던 괴롭힘을 다시 경험하곤 합니다. 식은땀에 젖은 채 잠에서 깨면 끝나고요.

그때나 지금이나 저는 부모님과 단절된 채 살아왔습니다. 가족이지만 서로에 대해 잘 알지 못하고 형식적 관계일 뿐

관계 자체가 존재하지 않는다고 보는 게 맞을 것 같습니다. 어린 시절을 떠올려보면 초등학교 저학년부터 중학교 3학년 때까지 가정에서의 방치와 폭력, 그리고 학교 폭력 속에 살았던 기억밖에 없어요.

그러다 고등학교 때 유학을 갔는데 하숙집 주인이었던 외국인 할머니를 만나 따뜻한 관계를 경험했습니다. 그때 이후로 저는 그분을 엄마라고 생각합니다. 유학을 가게 된 이유도 부모님 때문이었어요. 어머니가 당시 하위권 성적인 학생들이 진학하는 학교를 가리켜 "그런 학교에 다니면 엄마가 창피하니 차라리 유학을 가라"고 말하시더군요. 당시 저는 또래의 괴롭힘을 견디지 못해 학교에 가지 않고 놀이터나 다리 밑, 아파트 지하실 등에서 혼자 시간을 보냈습니다. 학업은 거의 꼴찌였고요.

서른여섯 살이 된 지금, 저는 아직도 일주일에 한 번꼴로 악몽을 꿉니다. 악몽은 주로 중학교 교실이 배경이고, 저는 아이들 혹은 형에게 괴롭힘을 당합니다. 어젯밤 악몽에선 제가 생모에게 이렇게 원망을 쏟아내더군요. "나는 부모의 방치로 아기의 정신 연령을 가진 채 학교에 입학했고 괴롭힘을 당했어요. 그 괴롭힘으로 인해 정신은 피폐해졌고 사회성이 결여됐어요. 난 뭘 해도 안될, 사회에 필요 없는 존재입니다."

이제는 삶의 목적을 모르겠습니다. 주변 사람들은 행복, 돈

혹은 가정을 목표로 살아가지만 저는 그런 것들이 제 삶의 목적으로 느껴지지 않아요. 길어야 백 년 남짓의 삶에서 어떤 것을 누린다 한들 천년만년, 억만년 후에도 아무 의미 없을 것이라는 생각만 들어요. 삶의 목적을 찾지 못한 채로 과거의 기억에 지배당하고 있는 이 삶이 너무 고통스럽습니다.

멍투성이 아이로 머물러 있는 어른

어린 시절 경험한 폭력으로부터 얻은 깊은 상처가 트라우마라는 이름으로, 성인이 된 이후에도 여전히 남아 있는 경우가 우리 주변에 너무나 많습니다. 지속적으로 겪은 폭력은 한 사람의 존엄성과 정체성을 훼손합니다. 그런 사건을 겪을 때 서로 보호하고 위로해야 할 가족에게 외면당한다면 더욱 헤어 나오기 힘든 상처로 남게 되겠지요. 트라우마는 사건보다 이후 치유 과정이 중요한데, 이외로 큰 사건들을 반복적으로 겪고도 제대로 된 보호와 지지를 받지 못한 경우를 많이 만나게 됩니다. 사연과 같이, 폭력과 방치로부터 치유받지 못한 누군가의 마음의 궤적을 따라가 볼까요?

아주 어린 나이부터 감당하기 힘든 폭력을 일상적으로 겪었다면 고통은 말할 것도 없고, 무엇보다 당장 벗어나고 싶지만 어린 자신이 할 수 있는 게 아무 것도 없다는 점에 더 좌절할 겁니다. 학교 폭력도 심각한 문제지만 가정에서 겪은 폭력과 방관이 어쩌면 더 큰 상처일 테죠. 폭력을 휘두른 형을 혼내지도, 상처 입은 자신을 따뜻이 안아주지도 않은 부모였으니 가족에게나 자신이 우선순위가 아니란 점만 확인했을 겁니다. 무력해질 수밖에요.

별일 아닌 일이라서, 넘어갈 만한 사안이어서 그런 게 아니라, 자신으로선 당시 할 수 있는 게 아무것도 없다고 느꼈기 때문에 넘어갈 수밖에 없었던 것이죠. 사연자처럼 '머리로는 폭력을 행사한 친구와 형, 방관한 부모님의 탓으로 돌리지 않는다'고 말은 하지만, 실상은 그 감정을 부정한다는 것 자체가 그 감정이 남아 있다는 방증이니까요.

돌이켜보면 어린 시절에도, 청소년기에도 삶은 여전히 스스로 무언가를 해낼 수 없는 무력한 시기의 연속입니다. 내 스스로를 보호하기 위한 유일한 선택은 그저 조용히 감정을 삭이는 것뿐입니다. 가족에 대한 원망, 폭력을 행했던 이들에 대한 분노를 의식적으로 떠올리면 감당할 수 없는 감정이 몰려와 더 고통스럽고, 그래서 숨겨놓을 수밖에 없습니다. 그 억눌러온 트라우마의 일부가 바로 사연자처럼 밤에 악몽을 꾸는 것으로 드러날 테고요.

저는 이런 경험자들의 괴로움과 혼란을 깊이 이해하고 지지합니다. 특히 평생 감당하기 어려웠던 괴로움을 누군가에게 털어놓았다면 더 없이 훌륭하다고 말해주고 싶습니다. 이제 정말 수면 아래로 깊이 눌렀던 그 감정을 마주할 때가 온 거예요. 먼저 당신의 삶을 스스로 결정할 수 없었던 어린 시절, 당신을 힘들게 했던 이들을 미워해도 괜찮다는 말을 해주고 싶어요.

부모와 형제에 대한 원망, 친구들에 대한 미움을
자책하지 마세요.
그 마음을 오히려 날것으로 대면하고
잘 파악하고 있어야 그 감정을 넘어설 수 있습니다.

이 과정에서 자신의 감정과 생각을 알아가고, 자기 자신을 수용하는 것이 무엇보다 중요합니다. 현재 내 삶의 목표를 찾지 못하겠다고 하는 것도 자신을 온전히 받아들이는 과정을 거치지 못했기 때문입니다. 자신이 어떤 사람이든 태어난 순간부터 가치 있는 사람이라는 자긍심이 성인이 된 지금까지도 단단히 자리 잡지 못했기 때문이에요.

'3차 개별화'의 시기로 만들어야

보통 어린 시절에는 부모로부터, 사춘기 시절엔 친구들과의 관계를 통해 자아상이 형성됩니다. 성인이 되어서도 '나는 어떤 사람이다'라는 그 자아상을 토대로 대인 관계를 맺고 문제를 해결하며 살아가게 되지요. 현재의 어려움을 해결하기 위해서는 참 괴로웠지만 해결할 수 없었던 과거 경험과 그로부터 파생된 감정을 정확하게 이해하는 것이 그래서 중요해요. 그 말은 희망적으로 다시 풀어보자면 '미래의 나는 현재의 내가 만들 수 있다'는 말이기도 합니다.

어떤 가정에서 태어나 자라고, 학창기에 어떤 친구들과 관계를 맺느냐는 내가 선택할 수 없는, 어느 정도 정해진 수순이었지만 성인이 된 지금의 내 인생은 내가 선택하고 결정할 수 있습니다. 어린 시절 타인들이 나에게 안겨준 부정적인 경험이 무엇인지 스스로 알아차리고, 적절히 대응하는 걸 포기하면 안 되는 이유이기도 합니다. 방관하면서 절망감을 안겨줬던 부모님도 이제 당신에게 실질적으로는 아무 영향을 미치지 못할 겁니다. 내 마음 속에 있는 부모님에 대한 감정이 영향을 미칠 뿐이죠.

지금은 새로운 인생을 위한 '성인기 초기'를 지나고 있다고 생각해보세요. '3차 개별화'의 시기라고 하는데, 가정으로부터 떨어져 자신을 탐구하고, 독립적인 자아상을 만들어가는 시기이죠.

일기를 쓰면서 자신의 감정을 살피고 사적인 관계를 만들어 새로운 지지 체제를 구축해가는 시기로 만들 수 있어야 합니다.

과거를 떨칠 수 있는 가장 빠른 방법은 과거를 기억에서 지우고 억지로 새 기억으로 덮어 버리는 것이 아닙니다. 과거를 있는 그대로 받아들이고 동시에 새로운 미래를 만들어가는 것이 정답이지요. 과거에 지배당한다는 표현이 참 마음이 아프지만, 과거에 경험한 내 마음이 지금이라도 자신을 좀 보살펴달라는 신호를 보내는 것입니다. 꿈속에서까지 나를 찾아와 괴롭히기 위함이 아니라, 오랫동안 억압했던 고통스러운 감정을 마주하고 해결해서 진정으로 더 편하게 해주기 위해서요.

내 마음의 신호에 반응해서 내 마음을 그대로 읽어주세요. 예를 들면 이렇게요. '그때 난 정말 힘들었어. 형과 친구들의 폭력으로 몸이 고통스러웠어. 무엇보다도 마음이 아팠어. 도움받을 사람이 한 명도 없어서 외로웠고 무력하게 느껴졌어. 부모님에게도 너무 서운했어. 아직도 힘들어서 친구들과 가족을 생각하면 너무 화가 나고, 그때 나한테 왜 그랬냐고 따지고 싶어.'

물론 내 마음을 그대로 읽는 과정은 결코 마음이 편치 않고 괴로울 수밖에요. 몸에 상처가 났을 때를 생각해보면, 그냥 소독만 해도 참 아프고 쓰라립니다. 하지만 그 과정을 지나고 나면 어느새 새 살이 돋고 건강한 신체로 회복되지 않던가요. 마음도 마찬가지입니다.

지금의 고통스런 이 시기는, 자신이 삶의 주인이 되어 인생의 가치를 스스로 만들어가는 시기이기도 합니다. 삶의 목적이 없다는 생각에 조급해하기보다는, 순간순간의 내 감정에 집중해세요. 취미 생활이나 새로운 사람들을 만나는 경험도 좋은데, 그건 다른 어떤 의미보다도 그로 인해 내가 내적으로 경험하는 것들을 바라보게 해주는 기회가 된다는 점에 의미가 있습니다.

남이 아닌 나의 마음에 초점을 맞춘 행동들을 해나갈 때에 서서히 나 자신의 마음에 관심이 가고 그렇게 삶의 목적이 서서히 드러날 것입니다. 청년이든 성인이든 누구나 겪어야 하는 인생의 당면 과제이자 일생일대의 기회지요. 불안과 모호함을 견디며 자신을 받아들이는, 그렇게 한 걸음씩 발을 디뎌 어느 순간 원하는 삶의 모습을 그리는 날이 곧 오기를 진심으로 바랍니다.

알코올중독 부모를 보며 자랄 때

—

부모님의 이혼으로 어릴 적부터 엄마와 살게 된 한 아이는 온통 공포의 기억뿐입니다. 엄마는 아이와 한 살 터울인 오빠를 남겨놓고 밖에서 새벽까지 술을 마시며 들어오지 않았습니다. 의지할 데라곤 오빠뿐이지만 동생을 때리는 게 일상인 오빠가 무서워 엄마가 귀가할 때마다 밖에서 기다리곤 했지요. 엄마는 오빠에게 꾸중 한번 하지 않고 오히려 더욱 폭력적인 술주정으로 반응했습니다. 심한 날엔 칼을 들고 딸아이에게 달려들어 상처를 내는 등 엄마의 술주정은 그야말로 단순 폭행 이상의 수준이었습니다.

대학생이 되어 독립을 한 그녀에게 엄마는 "너를 위해 기도하고 있다"며 자식의 마음에 한줄기 희망을 주지만, 보증금 문제가 터져 약간의 금전적인 도움을 청하자 매몰차게 전화를 끊어버리는 모습으로 그 희망마저 꺾어버렸습니다.

이후 나름대로 장학금을 받으며 열심히 살고자 노력했지만, 그녀는 한편으론 주변의 모든 사람을 증오하고 적대시하는 감정에 사로잡힙니다. 잘해주는 남자친구에게도 때때로 증오심이 나오고, 길을 지나가다 누군가와 살짝 어깨라도 부딪히면 그 사람을 죽여버리고 싶은 충동마저 느끼는 스스로를 보고 소스라치게 놀랍니다. 그리곤 이토록 비정상적인 혐오와 분노에 젖어 있음을 실감하지요. 스스로를 무서워할 정도로요.

오랜 기간 억눌러온 원망

의지할 곳도, 의지할 사람도 없이 비관적인 환경에서도 묵묵히 참아내며 살아온 사람들이 있습니다. 몸과 마음은 힘들었지만 무너지지 않고 자신을 붙들고 살아온 그들의 인내는 칭찬과 박수를 받아야 하지만, 그만큼 불우한 가정환경에 대한 원망과 적개심을 눌러둔 채 살아온 모습엔 분명 그만큼의 그림자가 있습니다.

앞으로의 삶을 어떻게 지탱해야 할지 막막하지만 분명 '잘 살고 싶은' 마음은 여전히 간절합니다. 과거의 연을 매듭짓고 자신의 인생을 시작할 때가 바로 지금입니다. 이를 위해 오랜 기간 억눌러왔던 감정을 마주하길 바랍니다. 떨쳐버리고 싶은 감정들이 이런 영향을 받아 만들어졌고, 지금의 삶에서 이런 부분이 건드려지면 어떻게 반응하는지 이해를 넓혀야 합니다. 순간순간 끓어오르는 분노의 감정은 내면의 취약한 부분이 건드려지면서 나타나는 반응인 거예요. 분노 자체가 감정이기도 하지만, 한편으로는 표면적인 현상이고 이면에는 복잡한 그 무엇의 감정들이 있는 것입니다.

주체할 수 없는 분노와 증오심을 품고 있다고 해서 자신이 나쁜 사람이거나 위험한 사람이 되는 건 아닙니다. 꼭꼭 숨겨왔던 감정이 건드려져 통제할 수 없을 만큼 고통스러워하는 것뿐이에요. 그 감정 자체가 큰 두려움이기 때문에 살짝 드러나기만 해도 너무 아프다 못해 두려움에 압도되어 이제 그만 자신을 포기하고 싶다는 생각도 들 때가 있을 거예요.

하지만 본인이 부모와 주변 환경으로부터 영향받은 것을 인정하고, 나 자신에 대한 연민의 마음으로 이 감정을 직면하다 보면 결국 휘몰아치는 감정을 이해하고 통제할 수 있는 때가 옵니다. 밑도 끝도 없는 분노 감정 역시 외면하고 억압하면 조절되기는 더 어려울 겁니다. 그러나 이해하고 수용하면 점차 자연스레 조절됩니다.

전문가의 치료도 권해봅니다. 머리로는 알아도 실행에 옮기는 것이 쉽지 않기 때문에, 날것 그대로의 마음을 수용해주며 길잡이가 될 수 있는 전문가의 도움을 받는 것이 안전한 방법이에요. 소중한 사람과 사소한 감정부터 나누고, 수용받는 경험을 하며 그 정서적 상호작용의 영역을 넓혀가며 천천히 내면의 힘을 기르는 거죠. 자신의 복잡한 마음들을 조금씩 수용하면서, 가족으로부터 심리적으로 자유로워져야 합니다.

우울증도 유전될 수 있나요?

어머니의 주사로 인해 고통받았던 또 한 사람이 떠오릅니다. 그는 알코올중독과 조현병이라는 정신질환을 앓는 어머니와 함께 20여 년을 살면서, 이제는 30대가 된 본인조차 우울증에 시달리며 어머니를 닮아가는 것은 아닌지 극심한 불안감에 시달리고 있었습니다. 어릴 적부터 외동이라 혼자 지내는 시간이 많았다는 그는, 청소년기에 어머니가 주방에서까지 술을 마시는 모습을 봐야만 했다고 합니다. 이후 어머니가 알코올중독, 간질 발작, 이후 조현병 진단까지 받아도 여전히 술을 끊지 못하는 모습을 보며 절망합니다.

아버지는 그런 어머니와 이혼은 하지 않은 채 아내를 수차례 정신병동에 입원시켰지만 그때마다 어머니는 다시는 술을 입에 대지 않겠다고 약속한 뒤 가정으로 돌아왔습니다. 하지만 여전히 술병을 입에서 떼지 못하는 모습에 결국 이혼하게 되고, 그후 아버지는 재혼하여 새 가정을 꾸렸고, 아들인 본인도 좋은 사람을 만나 결혼을 앞두게 되었습니다.

아버지를 통해 어머니가 시설에 있다는 것을 알게 된 아들은 어머니와 통화했고, 그 이후로 어머니는 몇 년째 아들에게 전화를 걸어옵니다. 아들은 처음엔 아무 생각 없이 통화를 했지만 점점 마음이 불편해져 갔습니다. 어머니가 한없이 밉다가도 과일이 먹고 싶다는 이야기에 과일을 몇 박스씩 보내기도 하는 자신을 볼 때마다 혼란스럽기만 했죠.

"어머니라는 존재는 나를 낳아준 사람 그 이상도 이하도 아니라고 생각하면서도, 막상 통화를 할 때마다 연민과 미움, 원망처럼 복합적인 감정이 휘몰아칩니다." 그러면서 이렇게 덧붙입니다. "얼마 전 우울증으로 약물치료를 받고 난 후부터는 어머니의 병이 내게 유전이 된 것이 아닐까, 나중에 조현병이나 간질 증상이 나타나지 않을까 너무나 불안합니다."

무의식 중 작동하는 방어기제

어린 시절부터 부모의 술 취한 모습, 특히 이상 행동을 보이는 모습을 계속 봐야 하는 것은 피할 수도, 외면할 수도 없는 상황에 놓인 막다른 길에 서 있는 심정일 겁니다. 세상에서 가장 든든하고 의지가 되어야 하는 존재인 어머니가, 누구보다 나를 힘들게 하고 내 앞길을 가로막는 존재라는 생각이 들 테지요.

흔히 알코올중독이라 불리는 이 질환의 정식 진단명은 알코올 의존이고, 치료를 받아야 하는 질병입니다. 사실, 알코올 의존을 유발하기 전부터 극심한 스트레스나 우울증 등의 원인이 있었을 가능성이 높습니다. 알코올 의존은 갑자기 생기기보다는 오랫동안 방치된 심리적 문제의 결과로 나타나는 경우가 많기 때문입니다. 본래 감정적 스트레스에 매우 취약한 사람이었을 가능성이 높고, 실제로는 다양한 문제가 훨씬 이전부터 발현됐을 것으로 추측합니다. 이런 부모 밑에서 자라왔다면 그 자녀도 오래 전부터 영향을 받지 않을 수 없었을 테고요.

유년기 자녀에게 있어 부모의 영향력은 절대적입니다. 부모와 어느 정도 거리를 유지할 수 있는 청소년기와 비교해보면 더욱 그러하죠. 유년기에는 부모를 객관적으로 평가할 수 없기 때문에 부모의 생각과 행동을 그대로 받아들입니다. 부부 싸움을 지켜보며 자라는 아이로서는 자기 때문에 부모가 싸우는 건 아닐까 싶어 자책하게 됩니다. 특히 이 사연의 주인공처럼 외동으로 자란 경우, 마음속으로는 외동을 이유로 외로움이라는 고통스러운 감정을 합리화해보려 하지만, 보통 외동은 부모로부터 받는 관심과 애정도가 높기 때문에 반대인 경우가 많아요.

안타깝게도 치료되지 않고 방치된 우울증을 계속 겪은 어머니는 자녀에게 응당 제공해야 할 보살핌을 등한시하거나, 기대수준이 높아 자녀에게 과도하게 엄격한 기준을 들이대는 식으로 상처를 남길 수 있습니다. 어린 시절의 결핍감을 직면하는 것은 상당한 고통을 동반하기 때문에 부모가 그럴 수밖에 없었다는 이유를 찾아 합리화하기 쉽습니다.

그런가 하면, 받아들이기에는 너무 괴로운 감정을 피하거나 숨기기 위해 반대의 감정이 담긴 태도나 행동을 보이는 '반동형성'이라는 방어기제로 자신을 지키는 경우도 많습니다. '미운 놈 떡 하나 더 준다'는 속담도 반동형성의 예이고, 사연자처럼 어머니에 대해 미움과 원망을 느끼면서도 동시에 연민으로 혼란스러워하는 것도 그 때문이죠.

어머니의 정신질환이 유전될 것을 걱정하고, 불안을 느끼는 것도 같은 맥락입니다. 모든 병증이 그렇듯 정신질환 역시 유전의 가능성을 완전히 배재할 수는 없습니다. 다만 유전에 대한 과도한 불안감과 집착은 병 자체보다는 부모와의 관계에서 해결하지 못한 감정이 있기 때문에 이로써 기인하는 경우가 많아요.

이는 나의 심리적 갈등을 유전이 될 수 있는 질환에 국한시켜 본질을 희석시키는 '전치'라는 방어기제입니다. 수용하기 힘든 감정이나 충동을, 받아들이기 그나마 수월한 다른 형태로 바꾸는 것이죠.

합리화, 반동형성, 전치 등의 방어기제를 설명한 것은 본인을 탓하기 위함이 아닙니다. 방어기제는 상처받을 것 같은 자신의 마음을 보호하기 위해 누구나 무의식적으로 사용하는 전략입니다. 마음의 방어막을 치지 않고는 견딜 수 없을 정도로 고통스러운 마음의 짐을 지고 있었다는 것을 깨닫게 해드리기 위해 방어기제를 언급한 것이죠.

마음의 짐에서 자유로워진다는 의미는 무엇일까요. 유년기 어머니와의 관계로부터 형성됐던 부정적 기억과 감정의 영향력 하에서 벗어나는 것입니다. 어머니와 엮여 있는 주관적 감정을 있는 그대로 바라보는 것이 그래서 중요합니다. 그러기 위해선 사이가 좋은 아버지나 가까운 연인, 친구 등 믿을 만한 관계로 정서적 지지체계를 만들어가는 것이 큰 도움이 됩니다. 누가 됐든 어머니에 대한 감정을 아주 천천히 터놓고 이야기하면서 현재의 혼돈을 가만히 들여다보세요. 감정의 실타래를 하나씩 풀어내면서 에너지의 방향을 현재와 미래로, 자신과 다른 관계로 바꿔가면 어느새 무거운 짐이 조금씩 가벼워지는 변화를 느끼게 될 거예요.

'내 잘못'이라는 트라우마

—

🌱

한 사람의 존엄성과 정체성을 훼손하는 매우 심각한 사건 중에 하나가 무얼까요? 바로 어릴 적 겪게 되는 성폭력 피해입니다. 범죄 가해자는 응당 처벌을 받아야 하고, 피해 당사자는 안전한 환경에서 트라우마를 치유하기 위한 과정이 필요해요. 하지만 안타깝게도 어린 나이에 이런 끔찍한 일을 겪은 뒤 적절한 회복 과정을 거치지 못한 경우들이 있습니다. 심지어 가장 가까운 부모에게조차 도움을 요청하지 못합니다. 어린 나이에 이 모든 일을 혼자 감내하는 것도 고통스러운데, 이처럼 부모에게 말하지 못하고 마음의 문을 꽁꽁 닫아버릴 수밖에 없었던 이유와 상황은 무엇일까요?

초등학생 때 도움을 요청하는 어떤 노인에게 손을 내밀었다가 그대로 성폭행을 당하고만 한 여성이 있습니다. 그러나 그 어린 나이에도 엄마에게 말하지 못했습니다. "네가 잘못해서 그런 일을 당한 거지!"라는 말을 들을 게 뻔하다는 생각이 들었던 거죠.

그렇게 20년이 지나서도 가족은 물론 아무에게도 이 사실을 말하지 못했고, 그 일의 영향인지 타인을 잘 믿지 못하는 사람이 됐습니다. 자신의 생존이 그 무엇보다 중요해서 '어떤 경우에도 나만 살아남으면 된다'는 이기적인 생각 속에 살았습니다. 가족들에게도 들키면 안 된다는 생각에 마음껏 울어본 적도 없었다고 합니다. 그 사건은 지금도 큰 상처지만 이제는 우는 방법조차 잊어버렸다고 하더군요.

여전히 부모님은 딸이 부모에게 고백함으로써 상처를 치유할 기회조차 주지 않았습니다. 어떤 문제가 생겨서 이야기를 해도 "다 네가 당할 만하게 행동해서 그런 일이 생긴 거야" 하는 결론으로 되돌아왔으니까요. 가족 내에서 자신에게 불이익이 생기는 일이 터질 때마다 어렸을 때 겪은 상처가 되살아나고, 20년 전 이야기를 가족들에게 털어놓고 싶다가도 주저하게 되었습니다.

"20년 전 이야기를 가족에게 해도 될까요? 위로는커녕 왜 이제 와서 얘기하냐는 원망을 듣게 될까봐 두렵습니다."

성폭력보다 더 고통스러운 이후의 삶

누군가가 끔찍한 고통을 너무 쉽게 덮고 넘어갈 수밖에 없었다면, 그 일이 별일이 아니어서도 아니고, 나보다 가족을 걱정할 만큼 관계가 애틋해서도 아닙니다. 자신 외에는 온전한 내 편을 경험하지 못했기에, 누구도 믿지 못한다는 마음이 강하게 자리 잡고 있었기 때문이지요. 그렇게 무기력한 상태로 세월이 흘러버리는 것이고요.

그런 사람은 인간관계도 무력한 상황의 연속일 가능성이 높습니다. 스스로를 보호하기 위해서 할 수 있었던 건 자기를 지키면서 모든 관계에 소극적으로 임하는 것이지요. 그런 이유로 성장 과정에서 누군가와 마음을 터놓고 소통하기가 힘들 테고, 그런 경험이 부족했기 때문에 몸은 성인이 됐지만 내면의 힘을 충분히 기를 수가 없는 건 당연합니다. 어떤 사람들은 "가족에게서 독립하라"고 말할지 모르지만 아직은 실행에 옮길 수 있는 내면의 힘이 부족한 상태일 것입니다. 가족을 원망하면서도 가족이라는 울타리에 머물고 싶은 마음, 뒤늦게라도 인정과 사랑을 받고 싶은 마음이 여전히 발목을 잡고 있는 것이지요.

성폭력 사건을 겪은 당시에 주변으로부터 다친 마음을 위로 받고 다시 마음의 힘을 얻는 경험을 했더라면 어땠을까요. 그런 과정이 생략된 채 성장했으니, 과거를 떠올리면 눈물도 나지 않을 만큼 무뎌진 것 같습니다. 하지만 타인에 대한 불신, 가족에 대한 원망이 거대한 나무의 뿌리처럼 자라고 있을 테고 그런 마음 역시도 무디게 만들어야만 그나마 견딜 수 있는 듯합니다.

트라우마 자체보다 중요한 건 적절한 회복

누구나 트라우마 상황을 마주하게 되면 공포로 몸이 굳어 도망가기 어렵습니다. '내 잘못'이라며 죄책감을 느끼는 것도 트라우마 증상 중 하나입니다. 내 탓을 해야만 다음에 비슷한 상황을 미리 방지할 수 있을 것 같은 통제감이 들고 안심이 되기 때문이죠. 하지만 트라우마 자체보다 중요한 건 적절한 회복입니다. 정서적으로 지지받는 안전한 환경에서 스스로를 치유하는 단계가 필요합니다.

사람과의 관계를 꺼리고, 내면에 자리 잡은 억압된 감정을 계속 억누르기만 해서는 더 이상 버틸 수 없습니다. 이제 정말 그 감정의 실체를 마주할 때가 왔습니다. 우선 내면의 솔직한 감정을 인정해주면서 자기와의 일체감을 경험하는 게 중요합니다. 역시 감정일기를 적극 추천합니다. 내 마음에 집중하기 시작하면 인간관계에서 오는 불안감이나 가족에 대한 원망도 조금 다른 각도로 볼 수 있을 거예요. 내가 가족을 미워하고 원망한다

186

는 것을 모르거나 외면하는 것과, 있는 그대로 보고 알고 있는 것은 큰 차이가 있습니다.

가족들에게 당시 사건을 알리느냐 마느냐는 실은 부차적인 문제예요. 가족의 지지와 위로가 도움이 되겠지만, 반대로 무관심이나 비난을 경험하면 더 상처가 되기 때문이지요. 오히려 트라우마를 해결하기 위해 나중에는 정말 필요한, 다시 말해 다른 사람에게 안전한 분위기에서 털어놓는 기회조차도 없앨 정도로 마음의 문이 닫힐 것입니다.

사건 자체보다는 당시 지나쳐버린 자기의 감정을 다시 살피고, 자신과 자신을 둘러싼 관계에 대한 이해를 넓히라는 조언을 하고 싶어요. 내가 '이런' 사건이나 사람으로부터 '이런' 영향을 받아 '이런' 면이 형성됐고, '이런' 감정의 토대 위에서 지금 내 마음이 어떻게 반응하는지를 스스로 잘 알고 수용해야 합니다. 내가 보고 있는 세상은 내가 쓴 색안경을 통해 보인다는 사실을 알아야 합니다. 또한 그 색안경이 어떤 색깔인지도 정확히 알게 되면, 불신과 회피라는 강력한 악순환의 고리의 힘을 점차 약화시킬 수 있습니다. 그 과정 속에서 어디서부터 손을 대야 할지 모를 복잡한 내면의 문제들을 천천히 매듭을 지어갈 수 있을 거예요.

가족에 대한 강력한 부정적 감정으로부터 벗어나기 위해 가족 이외의 대인관계를 만들어가는 것도 도움이 됩니다. 타인에 대한 신뢰감이 없어 결코 쉽지 않겠지만, 신뢰감을 경험하기 위해서는 결국 견고한 방어벽을 조금은 낮추고 다가가야 합니다. 대면이 너무 부담이 되면 과도기라는 생각으로 비대면 온라인 커뮤니티 활동부터 서서히 시작하는 것도 도움이 됩니다. 자칫 방어벽을 완전히 허물어 초면에 모든 상처를 털어놓는 등의 강력한 한 방으로 이 고통을 해결하고 싶은 마음이 들겠지만, 그럴수록 천천히 조심스럽게 자신을 보듬으며 한 발 한 발 다가가길 권합니다.

**이제부터라도 자기의 솔직한 감정,
특히 부정적인 감정일지라도 마주해야 합니다.**

가장 좋은 방법은 신뢰할 수 있는 사람에게 감정을 털어놓고, 수용 받는 경험을 쌓는 겁니다. 주변에 마땅한 상대가 없다면 감정일기나 평소 좋아하시는 글쓰기를 통해 자신의 감정을 인식해보기를 권합니다.

만약 이런 고민을 하시는 분 중에 자녀가 있다면, 부모 역할에 대한 '부모 교육'을 받아보시는 것도 추천드립니다. 책이나 강의 등을 통해 제대로 된 부모와 자식 관계에 대해 배우다보면 부모님이 당신에게 채워주지 못한 부분이 무엇이었는지를 정확히 파악할 수 있을 겁니다.

내 부모의 역할은 내가 할 수 있다

—

🌱

이직을 준비하면서 아르바이트를 하는 여성입니다. 제가 초등학교에 들어가기 전부터 조현병이 있던 아버지는 평생을 정신과 병동에서 사셨습니다. 어머니는 어린 시절에 이미 집을 떠나셔서 기억조차 가물가물한 존재입니다. 여동생과 저는 친척 집에서 살다가 성인이 되어 독립했습니다. 요즘엔 늘 가난했던 가정환경, 그리고 서른이 넘은 나이에도 사회적으로 자리를 잡지 못하는 자신을 주변과 비교하며 계속 후회하게 됩니다.

최근 정신과 병동에 계신 아버지가 암이 의심된다는 진단을 받았습니다. 하지만 조현병 탓에 아버지가 병원 검사 과정을 버텨내지 못해 정확히 어떤 상태인지조차 알 수 없습니다. 이혼한 여동생을 포함해 도움을 받을 곳은 어디에도 없습니다. 검사 중간에 병원에서 뛰쳐나온 아버지를 발견하고는 "이 정도의 검사도 못 받겠으면 사람 힘들게 하지 말고 그냥 죽으라"고 저도 모르게 폭언을 내뱉기도 했습니다. 가까스로 시행한 CT 촬영에서 아버지의 암이 이미 말기까지 진행된 것 같아 수술도 어려운 단계라고 합니다. 아버지는 병원을 나오고 싶다고 하시지만 저는 아무것도 할 수 없습니다. 아버지의 정신 병력으로 인해 대학병원에서는 치료가 어렵고, 호스피스 병동에서도 받아줄지 의문이라 지금 계시는 정신과 병동에 임종 때까지 머무르는 것이 최선입니다.

이럴 땐 '이렇게 하라 저렇게 하라' 알려줄 부모님이 있는 사람들이 부럽습니다. 지금은 남자친구가 곁에서 많이 알려주고 가르쳐주곤 합니다. 그는 아버지의 암에 대해 "아버지가 더 이상 너와 동생에게 짐이 되는 일은 없었으면 한다"면서 "네가 어떻게 할 수 있는 문제가 아니야"라고 말합니다. 남자친구의 말은 단 한 번도 틀린 적이 없지만, 유복하게 자라 좋은 대학을 졸업한 그가 제 상황을 얼마나 이해할지는 의문입니다.

제대로 된 치료를 받지도 못하는 아버지가 안타까우면서도 제가 무엇을 해야 할지 모르겠습니다. 아버지를 자주 뵈러 가야 하는 것인지, 혹은 돌아가시는 날까지 뵙지 않아야 하는 건지도요. 사실 저는 '고高신경성에 저低우호성'이고 성격유형검사에서 ISTJ(현실주의자)라서 잘 맞는 환경에서 혼자 편히 살고 싶어요. 남들에게 쓸 에너지도 별로 없고, 사람도 좋아하지 않습니다. 여동생이 이혼한 후로는 정기적으로 찾아오는 조카들을 돌보는 일도 솔직히 지치거든요.

이직을 위해 남자친구에게 공부를 배우고 있지만 집중이 잘 되지 않습니다. 이럴 때일수록 공부를 해야 한다는 그의 말에도 화가 납니다. 공부를 하면 칙칙한 제 삶이 달라질까요? 아버지가 돌아가시면 삶이 한결 편해질 거라고 여기며 제 할 일만 열심히 하면 되는 걸까요? 이전에 상담 받을 때, 아버지와 동생이 있어서 죽고 싶은 날에도 죽지 못해 살아간다고 답했습니다. 이제는 산다는 게 무엇인지도 모르겠습니다. 제가 어떻게 하면 좋을까요?

성격 유형 분류에 자신을 가두지 마라

수많은 고민을 듣지만 무엇보다도 삶의 의미를 찾지 못하겠다고 이야기하는 사람들을 보면 그의 깊은 공허함이 느껴져 마음이 아픕니다. 세상의 모든 사람들, 특히 아이들에게는 의지가 되는 대상이 필요합니다. 묻지도 따지지도 않은 채 믿고 따를 수 있는 그런 존재가요. 보통은 부모가 그 역할을 하곤 합니다.

어린 시절 부모님의 이혼으로 어머니와 이별하고, 오랫동안 조현병을 앓아 병동 생활을 하느라 아이가 안정적으로 의지하기 어려웠던 아버지를 가진 사연자에게는 기댈 존재가 부재했습니다. 의지는커녕 일상적 관계 맺기나 감정적 교류도 쉽지 않았을 겁니다. 그렇기에 자라면서 누군가에게 의존하고 싶은 욕구가 충분히 충족되지 못했을 테지요.

앞의 사연을 보면, 아버지의 몸 상태나 자신을 둘러싼 환경에 대해서는 길게 설명을 하면서도, 정작 본인의 생각이나 감정에 대해서는 거의 언급하지 않은 점이 눈에 띕니다. 그러면서 앞으로 자신이 어떻게 하면 좋을지 알려달라고 하지요. 지금 남자친구와의 관계에서도 일종의 부모 역할을 기대하는 것 같습니다. 부모 대신 곁에서 이런저런 조언을 해주는 그를, 마치 자신을 바른 길로 이끌어주고 보호해줄 기댈 만한 사람이라고 여깁니다. 또 상담사에게도 당신의 삶에 어떤 결정을 내려주기를 바라는 모습이 보입니다.

물론 의존적 면모가 있다고 탓할 수는 없습니다. 본인이 선택할 수 없는 환경적 요인으로 인해 이런 면이 강해질 수밖에 없었을 테니까요. 인간은 독립적 존재로 성장하려면 역설적이게도 의존의 과정이 필요합니다. 아이가 성인이 됐을 때 원하는 삶을 스스로 살아낼 자양분이 되는 내면의 힘을 키워주는 건 보호자의 몫입니다. 성인이 된 후로도 누군가에게 의지하고, 또 지시한 대로 행동하고 싶은 마음이 드는 건 성장 과정에서 이런 역할을 해 줄 보호자가 없었기 때문일 가능성이 큽니다. 꼭 부모가 아닌 친척이라도 이 역할을 할 수 있으나, 성장과정에서 그런 경험을 충분히 하지 못한 것 같습니다.

하지만 이런 '내면의 힘'은 지금도 얼마든지 키울 수 있습니다. 이제부터라도 자기 자신에게 집중하면서 본인의 마음을 알아가는 것이 필요합니다. 크게는 삶의 목적에서부터, 사소하게는 취미에 이르기까지 자신에 대한 것은 결국 다른 사람이 아닌 본인이 찾아야 한다는 겁니다.

특히 사연자는 '고신경성 저우호성'이라거나 MBTI라는 일종의 성격 유형 분류를 통해 자신을 설명했습니다. 이런 구체적이고 확실해 보이는 분류는 자신을 일정한 틀에 갇히게 할 위험이 있습니다. 복잡한 자신의 내면을 구체적으로 이해하기가 어렵고 또 고통스럽기 때문에, 이같이 눈에 보이는 확실한 유형별 분석에 본인을 끼워놓고 '이 정도면 난 나에 대해서 안다'고 생각하는 식으로 소위 '퉁쳐'버리는 것이죠. 그리고 본인을 살피는 노력을 더 이상 하지 않게 됩니다. 얼핏 보면 자신을 잘 이해하는 것 같지만, 결국은 자신을 잘 알지 못하는 상태가 됩니다.

스스로를 '고신경성 저우호성'이라고 분류하면서 다른 사람을 좋아하지 않는다고 표현했지만, 누군가에게 의지하려는 욕구는 타인을 향한 애정에 기반합니다. 성장 과정에서 친밀한 교류나 상호작용을 한 경험이 상대적으로 적다 보니 인간관계에서 필수적이라 할 수 있는 크고 작은 갈등이나 감정적인 어려움에 대처하기 어려울 수 있습니다.

이런 점은 정말 다른 사람과 가까워지기를 원치 않아서라기보다는 서투르기 때문 아닐까요. 그래서 타인과 가까워질 때 흔히 경험하는 불안과 긴장, 좌절 등 감정적인 에너지를 소모하는 것이 두려워, 결국 '나는 사람을 싫어한다'는 결론을 쉽게 내려버리는 것입니다.

상담가에 대한 의존도 필요하다

우선, 동호회 등 부담 없이 참여할 수 있는 모임은 어떨까요. 사소한 짧은 이야기부터 시작해서 타인과 관계를 맺다보면 조금씩 익숙해질 수 있고, 타인과의 관계를 통해 만족감을 경험할 수 있으며, 자신에 대해 더 잘 이해하게 됩니다. 물론 그러다 보면 긍정적인 감정뿐 아니라 부정적인 감정도 경험할 것입니다. 그건 단지 위기가 아닌, 다양한 감정들을 본인 마음에 집중해 다룰 수 있는 연습의 기회가 될 거예요. 그러기 위해서 무엇보다 감정일기를 권하고 싶습니다.

살다 보면 과거의 가난했고 보호자가 없었던 성장 환경을 떠올리며 불만과 억울함, 다른 가정에 대한 부러움이 마구 솟아오를 수 있습니다. 물론 괴롭겠지만 이 역시 자연스러운 감정이기에 외면하거나 부정하기보다는 자신의 속마음을 있는 그대로 들어주시길 바랍니다.

필요하다면 상담도 이어가는 것을 추천합니다. 초기엔 내 말을 들어주는 상담가에게도 의존을 하게 되겠지만 그것이 나쁜 일만은 아닙니다. 의존성을 해결하기 위한 상담과정에서 상담가에 대한 심리적 의존은 자연스럽고 필수적이기까지 합니다. 독립을 목표로 차차 의존과 독립 사이에서 균형을 맞춰가면 되는 것이지요. 상담가에게도 어떻게 해야 할지를 하나하나 물어보는 것보다는, 당신의 주장과 생각, 감정을 자꾸 표현해보는 연습을 해보기를 권합니다.

사연자의 남자친구처럼 의지할 수 있는 가까운 존재가 있다면, 상대가 나와 생각이 조금 다르다 해도 솔직하게 얘기해보는 대화의 연습 상대가 되어줄 수도 있습니다. 믿고 의지하는 상대와의 관계가 흔들릴 수 있다는 불안감 때문에 권유를 거절하거나 부정적인 감정을 내비치기 어려울 수도 있겠지요. 그래서 상대의 조언에 동의하지 않으면서도 적극적으로 표현하기보다는 속으로 고민하게 될 때가 있을 겁니다. 하지만 당장의 불편함이나 두려움을 감수하는 선택을 조금씩 해가면서 본인의 주관을 키워가는 것이 필요합니다.

과거의 내 인생에서는 스스로 결정할 수 있는 것들이 많이 없었겠지만, 성인인 지금부터는 스스로 만들어갈 수 있습니다. 당신이 그토록 바라던, 자신에게 관심을 가지고 존중해주는 부모의 역할을 본인이 직접 본인에게 하는 거지요. 이런 식으로 진정한 독립을 경험해가는 것입니다.

'저장 강박'이라는 질병

—

엄마가 겪는 병 때문에 근심이 큰 어떤 따님을 만난 적이 있습니다. 그 병은 '저장 강박'과 '병적 도벽'이라는 병입니다. 수년에 걸친 고통이었고, 아버지와 세 남매 모두 엄마가 가진 이 병으로 인해 삶이 피폐해질 정도였습니다. 저는 그 따님의 이야기를 들으며 어머니에게 어떻게 그런 정신의학적인 질환이 생겼을까 짚어보았습니다.

이 어머니는 평생 가부장적인 가정에서 살면서 마음의 어려움을 겪으셨습니다. 어린 시절에는 집이 가난해서 동생들을 교육시키기 위해 학업을 포기하고 타지에서 돈을 벌어야 했으니, 이후 자식들 앞에서 배우지 못한 서러움을 자주 토로하곤 했다 하시네요. 결혼 후에도 역시나 가부장적 남편과 살며 세 남매를 키웠습니다. 부엌에 들어가본 적 한

번 없고, 평소 말수도 거의 없는 남편. 그러나 집안 대소사의 결정은 무조건 남편의 권한이어서 아내는 속앓이만 할 뿐, 며느리로서 인정받기 위해 전전긍긍했지만 이 모든 건 무시로 돌아왔습니다.

"저희 남매는 과거엔 엄마의 아픔을 전혀 알지 못했어요. 사실 엄마의 헌신 덕분에 부러울 것 없는 어린 시절을 보냈죠. 생활도 넉넉했고, 가족여행도 자주 갔어요. 엄마는 자식이 전부인, 이해심 많고 너그러운 어머니셨고, 지금도 엄마는 인생에서 행복했던 순간이 저희를 낳고 키울 때라고 하십니다."

자녀들이 모두 분가를 하고 남편도 해외 근무로 인해 이 어머니에게 잠시 혼자 살던 시절이 있었습니다. 자녀가 가끔 집에 가면 평소 보이지 않던 짐들이 방 안에 점점 차기 시작하더니 급기야 방 세 개에 천장까지 가득 찰 정도로 잡동사니가 쌓이더랍니다. 누울 공간을 제외하고는 집이 물건으로 가득 차게 되자 이 어머니는 "네 아빠가 돌아오면 쫓겨날지도 몰라" 하면서 두려워했습니다. 그때야 비로소 어머니의 병을 알게 된 거죠.

사실 어머니는 과거에도 길에서 뭔가가 보이면 주워오거나, 의류수거함에서 옷을 가져오기도 했지만, 자식들은 그저 '엄마가 옛날에 힘들게 살아서 그런가보다' 하고 넘겼다네요. 쌓아둔 짐은 대부분 옷, 신발, 여행가방 등 의류수거함에서 주워온 것이지만, 심지어 누가 버린 화장지, 누가 썼던 기저귀까지 발견되어 자식들은 경악하고 말았습니다. 딸은 도저히 혼자 해결할 수 없는 수준이라, 엄마의 만류에도 불구하고 아버지에게 털어놓게 됩니다. 결국 업체를 불러 트럭으로 네 번이나 옮기고서야 정리가 끝났습니다.

한동안 차도가 보이는 듯했던 어느 날, 엄마가 화장품 가게에서 물건을 훔쳐 경찰서에 가고 있다는 연락을 받았습니다. 알고 보니 과거에도 여러 번 경찰서에 다녀온 적이 있다는 걸 그제야 알게 되었지요. 집의 분위기는 살벌해졌고, 이후 아빠의 감시하에 도벽의 빈도수는 줄어든 듯지만 또 다시 몇 차례의 일이 터지고 말았습니다. 수거함에서 옷을 들고 오고, 야채가게에서 물건을 훔치는 등 말이죠. 아버지는 둘 다 수면제를 먹고 같이 죽자고 으름장을 놓기도 하고, 병원에 가서 행동치료도 받는 등 노력해보았지만 엄마의 불안과 불만은 더 깊어만 갔습니다.

"아빠의 답답한 처지도, 엄마의 힘든 마음도 이해가 돼 너무 속상합니다. 엄마는 일이 있고 난 후에는 당신이 죄인이라며 마음의 문을 닫아버리셨어요. 누구에게도 입을 열지 않고 동굴 속으로 숨어버리는 엄마에게 뭔가를 요구하는 것이 맞나 싶어 저 또한 아무것도 못하고 있어요."

무엇이 엄마를 허망하게 만들었을까?

아무리 어머니의 아픔을 누구보다 가까이에서 지켜본 자식이라 해도, 본인이 아닌 이상 그 어려움을 온전히 이해하기는 힘듭니다. 현실적인 문제가 되는 행동을 반복하는 사람을 돕기 위해서는 그 사람의 삶을 돌아보는 것이 먼저인 듯합니다.

사연에 나온 어머니는 가부장적 문화 속에서 나고 자라며 살아왔어요. 어린 시절은 여자라는 이유로 자기 욕망을 포기한 채로 동생들을 뒷바라지하고, 결혼해서는 당연히 그래야 하는 줄로만 알고 자신보다는 남편과 시부모님을 위해 살아왔죠. 아내로서, 며느리로서 인정받고 싶었지만 자식도 느끼듯이 그렇지 못한 환경에서 살 수밖에 없었습니다. 성장기에는 부모, 성인이 되서는 남편이라는 중요한 대상으로부터 적절한 애착 경험을 하지 못한 거지요.

중요한 인간관계에서 경험한 심리적 결핍을 채운 것은 바로 엄마라는 역할이었죠. 아이를 낳고 정성껏 키우면서 자기의 존재감과 인정받는 느낌에서 비롯된 깊은 행복과 만족을 느꼈을 겁니다. 그런데 어느 순간 그 아이들이 훌쩍 자라 독립을 한 거예요. 삶의 동력이자 유일한 애착 대상이 사라진 것입니다. 어머니의 마음속에는 육아를 성공적으로 끝냈다는 안도감이나 성취감이 아니라 허망함이 찾아들었을 거예요. 흔히 말하는 '빈둥

지증후군'을 떠올리면 이해가 쉬울 거예요. 때마침 아버지와 떨어져 살게 되면서 그 상실감과 충격이 수면 위로 드러난 것으로 보입니다.

어머니의 저장 강박도 그런 맥락에서 바라봐야 해요. 저장 장애는 소유물에 대해 과도하게 애착을 느끼고, 버리지 못하는 질환입니다. 내가 소유하는 물건에 대해 지나친 책임감을 느끼고, 버릴 때 불안과 죄책감이 동반되기에 저장함으로써 통제하려고 하는 것입니다. 많은 저장 강박의 경우 그 이면에는 관계 결핍 혹은 단절이 있어요. 자식들을 향한 애착과 책임감이 누구보다 강했던 어머니는 자녀의 독립으로 인해 감당하기 어려운 상실감을 느꼈을 겁니다.

병적 도벽도 마찬가지입니다. 병적 도벽은 물건을 통한 경제적 이득이 목적인 도둑질과 다릅니다. 훔치는 행동 자체가 목적인 일종의 '충동조절 장애'인 것이지요. 물건을 훔치기 전 충동과 긴장, 훔친 후 쾌감과 이완에 과도하게 몰입하는 모습을 보이는 특징을 갖고 있습니다. 행동에 집착하면서 내면에 마주하기 힘든 부정적 감정을 피하려는 겁니다. 저장 장애와 마찬가지로 병적 도벽 역시 많은 경우가 소중한 인간관계 단절 및 상실이후에 이런 증상이 나타나는 경향이 있답니다.

잘 해주기보다 잘 들어주는 것

가족의 병을 계기로 다른 가족들이 모두 따뜻한 관심을 가지고 배려하면 이 상실감이라는 증상이 일시적으로 해결되는 듯이 느껴질 수도 있어요. 그러나 증상이 호전되다가도 다시 이상 행동을 반복하고, 의지와 무관하게 문제 행동을 보일 때마다 본인은 또다시 마음의 문을 닫아버릴 겁니다. 옳고 그름을 충분히 인지하면서도 강박적이고 충동적인 행동을 반복한다는 것은 결국 마음속에 마주하기 싫은, 해결되지 않은 고통이 있다는 뜻이니까요.

병원에서 받고 있는 인지행동치료도 상당한 도움이 될 수 있겠지만, 보다 근본적인 방법은 고통과 충동을 유발시키는 내면의 감정을 인식하고 수용하는 겁니다. 가족들이 최대한 편안하게 대해주는 것, 그리고 친절하게 대하기보다 본인이 진솔한 자기감정에 집중할 수 있도록 보듬어주는 것이 더 적절합니다. 질환으로 인해 지나치게 가족들을 의지하게 되면 자신이 아닌 상대에게 집착하게 되기에 오히려 자기 마음과는 멀어지게 되고, 증상이 더 지속될 수 있거든요. 그러면 가족들은 점점 더 지치게 될 테고요.

가족들에게는 무조건 잘 해주는 것이 아니라 잘 들어주는 역할이 중요합니다. 내면 깊숙이 꽁꽁 묶어두었던 감정을 스스로

202

발견하고 천천히 표현할 수 있는 소통의 밭을 만들어주는 것이 지요. 증상을 겪고 있는 장본인의 행동 자체에 대해 판단하지 말고, 아주 섬세하게 감정을 따라가라고 조언하고 싶습니다.

그동안 그 사람에게 가족이 어떤 의미였고, 정체감이 없는 공허한 느낌을 얼마나 오랫동안 홀로 견뎠는지, 어떤 상황에서 어떤 식으로 스트레스가 유발됐는지를 본인의 입을 통해 꺼낼 수 있게 도와주는 겁니다. 조금이라도 진솔한 이야기를 하게 된다면, 존중과 인정 그리고 격려를 충분히 해주세요.

하지만 가족들이 아무리 노력해도 당사자 입장에서는 자신의 치부를 드러내놓고 이야기하는 것이 쉽지 않을 수 있습니다. 그럴 때는 가정 밖에서 편안하게 자기감정을 털어놓을 수 있는 기회를 찾아주는 것도 방법입니다. 종교모임이나 취미활동 등을 통해 인적 교류를 할 수 있게 다리를 놓아준다거나, 심리상담센터나 의료기관을 찾아 꾸준히 일대일 상담 기회를 갖게 하는 것도 실질적인 도움이 될 거예요.

한 가지 더 당부하고 싶은 것은, 마음의 질환을 겪는 주인공 말고 나머지 가족들도 각각의 내면을 세심히 살피라는 것입니다. 저장 강박과 병적 도벽은 특히 방치되면 오랜 기간 지속되고 점차 심해지기에 가족들이 겪는 고통이 큽니다.

아무리 가족이어도 감정과 행동의 무게 추가 타인에게 과도하게 치우치는 순간, 고통은 그 사람이 아닌 나에게도 대물림

될 수 있어요. 아픔을 겪는 이의 닫힌 마음을 두드리는 순간에도, 스스로의 안위를 챙기며 균형감을 유지할 수 있도록 해야 합니다.

내 편 하나 없는 가족 속에서

—

위로는 언니 한 명, 그리고 쌍둥이 동생이 있는 한 여학생이 있습니다. 일찍 돌아가신 아버지 때문에 가족은 엄마와 세 자매뿐입니다. 혼자 딸 셋을 키우느라 쉬는 날 없이 일하던 엄마의 상황 때문에 이 여학생은 어릴 적 엄마와 따뜻한 정을 나눈 기억이 없습니다. 공부도 혼자 알아서 해야 했고, 어릴 적부터 집안일을 도와야 해서 남보다 일찍 철이 들었습니다.

어머니는 순간순간 "죽지 않고 살아 있는 게 기적이다"라는 말로 자신의 처지를 한탄하는 말, 그리고 부족한 돈 타령만 계속 해대셨지요. 특히나 둘째 딸인 이 여학생에게 막말이나 욕설을 가장 많이 내뱉으며 상처를 주었습니다.

하지만 이 여학생의 더 큰 괴로움은 쌍둥이 동생인데요, 뭐든 느리고 포기를 잘하는 성격이어서 어릴 적부터 언니인 자신이 일일이 도와줘야만 했습니다. 동생은 집안일에 전혀 관심이 없었고, 어질러 놓은 것을 못 견디는 자신의 깔끔한 성격 탓에 집안일도 항상 도맡아 했다고 합니다. 주변 어른들은 "동생이 몸이 약하니 언니가 도와줘야 한다" "동생 밥을 네가 다 뺏어먹으니 저렇게 몸이 말랐지" 하면서 대놓고 동생 편만 들어주었고, 그런 동생도 커갈수록 언니에게 사사건건 대들고 함부로 대했지요.

"어머니와 언니, 동생은 저에 대해 관심이 없습니다. 늘 제 주변을 맴도는 쌍둥이 동생과는 스킨십도 싫고, 얼굴을 보고 있는 것조차 불편해요. 언제부터인가 목소리나 말하는 방식이 거슬리기 시작하더니 지금은 같이 사는 하루하루가 고통스러워요. 동생이 밉고 싫은데 누군가와 웃으며 통화를 하면 궁금하고 질투가 나기도 합니다."

여학생은 이런 상태에서 가족들과의 관계, 동생과의 관계를 좋게 이어나갈 자신이 없다며 낙심해 있었습니다. 가족끼리 화목하게 지내려면, 무엇보다 쌍둥이 동생에게 마음을 열고 자매 간에 서로 이해해주는 사이가 되려면 어떻게 해야 할까요?

정서적 방임으로부터 생긴 상처

내면 깊숙한 곳에 있는 정서적 허기를 인식하고, 그것을 인정한 뒤 극복하고자 노력한다는 것은 내면의 힘이 있는 사람에게나 가능한 일입니다. 하지만 인간인지라 노력하는 과정에서 절망과 고통을 느끼는 것은 어찌보면 자연스런 과정일 수도 있습니다. 어린 자녀가 부모에게 기본적인 보호와 돌봄 외에 충분히 관심받고 사랑받고 있다는 정서적 지원을 갈구하는 건 너무나 당연한 일입니다.

그러나 홀로 생계를 책임지며 자녀를 돌봐야 했던 어머니는 먹이고 재우고 씻기는 기본적인 보호 외에 자녀들에게 따뜻한 관심과 사랑을 쏟을 여유를 만들지 못했어요. 자식은 아버지의 부재로 인해 어머니에게 전적으로 의존해야 할 텐데, 어머니와 정서적 교류가 부족했던 것이지요.

머리로는 힘든 상황에서 나름대로의 최선을 다하신 어머니를 이해하지만, 성인이 된 지금도 깊은 내면에는 어머니에 대한 원망과 분노가 단단히 자리 잡고 있습니다. 부모가 자녀에게 방치혹은 방임으로 일관하면서 어떤 부분에서는 엄격하게 통제를 하는 식으로 양육했을 때 자녀의 마음속엔 분노가 차츰 쌓여갑니다.

하지만 나이가 어리기 때문에 스스로 통제하지 못하고, 부모를 의지해야 하는 환경이니 그저 그 감정을 제대로 인식하지 못하고 억압하는 방식으로 참아온 거지요. 가뜩이나 힘든 어머니인데 내가 이런 마음을 가지는 것을 스스로 한심하게 여기며, 수치심이란 감정을 덮어버리는 식으로, 자연스러운 감정조차도 엄격하게 통제하는 식이었을 겁니다. 어머니의 정서적 방임으로부터 생긴 상처와 그로 인한 충동적인 감정을 잠재우기 위해 그런 방어책이 얼마든지 나올 수 있거든요.

한편으론 어머니에게 의존하고 싶지만, 또 한편으로는 그런 자연스런 욕구도 수치스럽게 여겨지는 이중의 감정을 경험했을 것입니다. 이를 억누르고 오히려 독립적으로 행동하거나, 오히려 자매들에 대한 책임감을 느끼는 식의 반동형성 방어기제가 나올 수 있습니다. 이것을 가리켜 '역의존성 태도'라고 합니다. 어려서부터 동생에 대한 과도한 죄책감을 가지게 한 주변 상황도 이를 강화시켰던 거죠. 어머니에 대한 굉장히 큰 원망을 억누른 채 복종과 반항 사이에서 갈등하며 오랜 시간 지내다 보면 그 사람과의 관계뿐 아니라 삶의 다른 영역에서도 높은 기준을 세우고 지나치게 완벽을 추구하는 강박적인 성향이 나타날 수 있습니다.

다툼이란 형제자매가 성장하면서 서로의 독립적인 경계선을 확인하고 건강한 상호작용을 하는 데 필수적인 과정입니다. 외동과 형제 각각의 장단점이 있는데, 이런 다툼을 기회로 자기주장을 표현하는 것은 형제의 장점인 것이죠. 하지만 부모가 다툼 자체를 금기시하고 덮어두려고 하면 개별 자녀의 고유한 감정을 지지하지 못하게 되는 상황이 발생합니다. 결국 억울한 자녀가 생기기 마련이고, 이런 상황이 반복되면 자녀는 부모로부터 정서적 지지를 받고 있다는 자긍심과 안정감을 갖지 못하게 됩니다. 성인이 되어도 가족의 한없는 지지를 기대하느라 정서적인 독립이 어려워질 수 있거든요.

부모가 나를 바라보는 방식, 부모가 나와 형제자매를 대하는 태도에 대한 아쉬움이 오랜 기간 쌓이면 결국 마음의 화살이 부모가 아닌 형제자매로 향하게 됩니다. 부모와의 관계에서 비롯된 아쉬움을 동생과의 관계에 투사했을 가능성이 큰 것이지요. 그 와중에 부모 쪽도 감정 조절이 서툴렀고, 자녀도 만만하다는 이유로 감정받이가 된 것입니다.

동생의 스킨십이나 목소리에 거부감이 든다는 것은 그것들 자체에 대한 것이 아니라, 동생에 대한 어릴 적 미해결된 복잡한 감정들이 떠올라 생기는 무의식적 거부반응입니다. 하지만 동생과의 심리적 경계가 명확히 형성되지 않았기에, 동생을 불편해하는 자신을 받아들이지 못하고 동생에게 마음을 열어야 한다는 압박감을 가지고 있는 듯합니다.

거리를 두면서 다가가기

흔히 완벽주의라고 일컫듯 일에 대한 기준을 높게 세우고, 스스로 완벽하게 해내야 한다는 데 집착한 나머지 자기 자신을 몰아세우고, 타인에 대해서도 과도한 통제를 보이는 사람들이 있습니다. 기준을 달성하지 못하면 과거의 해결되지 않은 감정적 갈등이 다시 활성화되기 때문이지요.

자신의 존재가 하찮게 여겨지고 무시받는 것 같아 화가 치밀어 오르고, 충동적으로 분노가 올라오며, 내 기준에 맞춰주지 않은 상대에 대해선 적개심이 생깁니다. 억누르고 있지만 내면에 친밀함, 의존성에 대한 욕구가 여전히 크게 자리 잡고 있기 때문에, 그 부분이 어쩌다 건드려지면 그 순간에 감정이 주체할 수 없이 증폭되는 거예요. 문제는, 현재의 표면적인 감정 반응에만 너무 몰두하게 되면 관계 스트레스만 더 커지고, 이에 집중하느라 오히려 오랫동안 억압했던 자신의 진짜 감정과는 더 멀어진다는 점입니다.

이 여학생처럼 주변의 일들을 섬세하고 예민하게 알아차리고, 늘 자신보다 주변을 먼저 생각하는 사려 깊은 사람은, 그러나 정작 자신의 자연스러운 마음의 소리를 억눌러온 것도 사실입니다. 때문에 자신이 설정해놓은 틀을 벗어난 감정과 행동을 너그럽게 받아들이지 못하는, 다소 강박적인 성향을 갖게 될 수 있어요.

이 학생도 자신의 일상을 묘사할 때 자신은 물론이고 주변인에게 때로 과도한 통제를 하고 있는 모습이 종종 보여요. 아무리 선한 의도라도 자기감정을 억압하고 타인을 통제하는 방식이라면 행복하고 편안한 관계가 될 수 없습니다. 타인과의 관계는 물론이고 자기 자신과의 관계조차 억압하고 통제하는 그만큼의 힘으로 멀어질 수밖에 없을 테니까요.

이럴 때 고민해야 할 것은, 다른 가족들과의 관계를 어떻게 긍정적으로 만들어야 할까가 아니라, 자기 자신과의 관계 즉 자기 생각과 감정 자체와의 관계 회복이 먼저입니다. 누군가와 친밀한 관계가 되려면 각자의 감정을 자연스럽게 주고받는 것이 가장 중요하죠. 표면적인 화목함에만 집착해 자기감정을 누른 채로, 부모나 자매들에게 납득할 수 있는 답만을 구하려 해선 안 됩니다. 때론 갈등이 생기더라도 어느 정도 진솔한 감정과 생각을 표현하고 전달해야 해요.

감정이란 건 그냥 그렇게,
있는 그대로 느끼는 것입니다.
좋은 것 나쁜 것이 있거나,
이치에 맞춰 설명하는 게 아닙니다.

자매를 아끼면서도 질투하고, 어머니를 사랑하면서도 미워하는 감정과 생각을 그대로 인정하고, 그만큼의 거리를 두고 다가가는 태도가 필요합니다. 이것이 독립적인 성인으로 성장하기 위해 노력해야 할 과제입니다.

가족들로부터 생긴 기준이 아닌, 스스로 세운 인생의 목표를 재설정하고 정신적인 독립을 해야 하는 시기가 도래했습니다. 하루아침에 되지는 않겠지만, 내 안의 상처를 대면하고 감정과 생각에 집중하는 과정을 지금부터라도 천천히 밟아가야 하는 이유입니다. 다른 누구도 아닌 스스로를 따라가며 삶의 기준점을 세우다 보면 타인에 의해 형성된 틀 때문에 내 안에 내재된 불안도 조금씩 줄어들 거예요.

구체적으로 말씀드리면, 매일 반복되는 일상 중에서 과연 오롯이 자신의 마음을 기쁘게 하는 활동이 있는지 찾아보세요. 건설적이지 않아도 그냥 관심이 가는 책이나 영화를 보는 것이 될 수도 있고, 오랫동안 알고 지낸 친구와 소소한 연락을 하는 것이 될 수도 있어요. 그간 늘 뒷전으로 미루었던 나를 위한 그 시간을 꼭 사수해 보세요. 자신을 위해 쓰는 돈과 시간과 에너지의 가치를 인정하는 것은 자신을 소중히 여기는 것과 밀접하게 관련됩니다.

우리가 과거에 받았던 상처의 시작은 비록 내 의지가 아니었지만, 앞으로의 삶은 오롯이 내 자신에게 달렸습니다. 그동안 놓쳤던 내 마음과의 관계를 회복하며 가족으로부터 정서적으로 독립하고 주체적인 삶을 살기 위해 지금도 애쓰고 있는 모든 이들을 응원합니다.

부모 부양, 내 미래는 어디에

—

타인의 마음을 예민하게 느끼고 먼저 배려하는 사람은 그
만큼 인간관계로부터 받는 상처도 유독 크기 마련입니다.
이런 분들은 타인의 생각이나 감정을 본인의 사정보다 우
위에 둔다는 점이 큰 특징입니다. 그러나 어떤 관계에서도
우선시되어야 할 사람은 누구도 아닌 자기 자신입니다. 그
렇기에 자신에게 버겁고, 혹은 감당하기 힘든 일이 주어졌
다면 혼자 짊어지지 않아도 괜찮다는 말을 먼저 하고 싶습
니다.

사회초년생인 A씨도 딱 이런 성향을 가진 분이었습니다.
계약직으로 근무하면서 자신에게 잘 맞는 정규직 직장을
찾을 때까지 현재를 충실하게 살고 있는 사람이지요. 정규
직원이 되면 그동안 하고 싶었던 그림에 대한 취미생활도

해보고 싶고, 경제적 이유로 시도하지 못했던 심리상담도 받고 싶다는 나름 소박한 꿈을 꾸고서요.

하지만 A씨는 이런 소박한 꿈마저 헛된 희망이 아닌가 늘 의심합니다. 좋지 못한 가정 형편에, 별거까지 하고 있는 부모님인지라, 자신의 현재뿐만 아니라 미래까지도 영원히 가족 부양이라는 짐에 눌린 채 살아야 할지 모른다는 두려움 때문이었지요. 경제적 능력이 없는 어머니와, 큰 빚을 지고 있는 아버지…… 마음 한편으론 부모님을 부양하지 않고 자기만의 인생을 살까도 생각해보지만 도저히 그럴 수는 없고, 이런 생각조차 사치스럽고 이기적이라는 생각이 들었다고 합니다.

사춘기 시절에는 아빠가 자신을 싫어한다고 생각했지만, 대학생이 되고 난 후부터 아버지와 서로 안부 연락을 주고받는 일이 많아졌다고 합니다. 아버지가 서투르긴 하지만 나름대로 부녀관계를 위해 노력하고 있음을 느꼈다고 하고요. 청소년기부터 경제적 타격을 해결하느라 연로해지는 부모님의 모습을 보면서 안쓰러운 마음과 도움이 되고 싶다는 생각을 품었습니다.

"힘든 일이 있으면 내색하지 않는 성격이라 혼자 앓았습니다. 대인 관계에서도 시선을 많이 의식하는 편이라 사소한 감정이라도 표현하는 것이 쉽지 않더군요. 어쩌다 이런 걱정을 주변에 내색하면 저에게 '네 인생을 살아'라고들 해요. 계속해서 부모님에게 끌려 다니는 삶을 살고 싶진 않은데, 부담감과 압박감이 사라지지 않아요."

부모로부터 심리적으로 독립하기

가족으로부터 느끼는 부담과 압박으로부터 벗어나서 온전히 자기 삶을 살고 싶어 하는 분들이 비단 A씨뿐일까요. 어떤 상황에서도 자신을 우위에 둘 수 있는 사람으로 성장하려면 다양한 인간관계 경험이 필요합니다. 그중에서도 가장 중요한 것이 부모님과의 관계이지요. 부모는 자녀가 세상에서 다양한 경험을 해보고, 시행착오를 거치면서 스스로 원하는 삶을 살아갈 수 있도록 도와주는 존재입니다. 부모의 적극적인 지지와 안정적인 정서적 교류 속에서 자녀는 다양한 갈등 상황에 부딪치며 세상을 살아가는 기준을 만듭니다. 그 경험과 기준을 토대로 자신의 인생을 이끌어가는 내면의 힘을 기르는 것이지요.

그러나 많은 가정에서 이런 순기능이 제대로 나타나지 못하고 있는 게 현실입니다. 부모에게 의지하기는커녕 일상적으로 맺는 관계조차도 불편할 수밖에 없는 자녀들은, 대개 이런 경우

부모로부터 받는 불안과 긴장을 낮추기 위해서 나를 희생하는 방식을 택합니다. 그렇게 하여 심리적 갈등을 없애거나 회피하는 방향으로 패턴이 고착화되는 셈이죠. 부모님과 갈등을 피하기 위해 먼저 몸을 낮추고, 문제를 만들지 않기 위해 극도로 조심하는 방식으로요.

그런 분들은 부모님의 뜻을 거스르지 않고 말을 잘 듣는 착한 딸이 되어야 한다는 강박에 시달리거나, 다른 인간관계에서도 좀처럼 마음을 열지 않고 완벽한 모습을 보여야 한다는 압박을 느끼기 마련입니다. 의존과 독립은 모든 인간이 갈등하며 균형을 찾아가는 평생의 과제입니다. 특히 사회에 막 진출한 초기 성인기는 부모와 연결되고 싶은 욕구와, 부모로부터 독립하려는 의지 사이에 부단한 갈등을 겪으며 균형을 찾아가는 시기입니다. 대다수 성인이 겪는 자연스러운 갈등 상황, 말하자면 심리적 통과의례인 셈이죠.

그런데도 A씨처럼 독립적인 삶을 향해 나아가려는 자신의 욕구를 분명히 인식하면서도 그 상황 자체를 이기적인 것으로 받아들인다면 어떤 결과가 생길까요? 독립을 부정적으로 인식함으로써 당장의 심리적 갈등은 줄어들 수 있겠지요. 하지만 거시적 관점에서 보면, 갈등 자체를 회피하려는 심리적 패턴이 정서적 독립을 가로막게 될 겁니다.

상담 내용을 보면, 과거 부모님의 행동 혹은 심리 묘사에 비해 본인의 감정에 대한 설명이 미흡하다는 점도 A씨와 같은 내담자의 특징입니다. 부모로부터 정서적 독립을 이루기 위해서는 철저하게 어린아이 입장에서 느꼈던 감정을 되살리는 과정이 필요합니다. 갈등을 느꼈던 순간을 빨리 회피하고 싶어 미처 인식하지 못했던, 날 것 그대로의 진짜 감정 말이지요.

자신이 추구하는 독립이 머리가 아닌 가슴으로 와 닿는 것이 되려면 미지의 영역으로 남아 있는 밑바닥 감정을 추스르고 헤아리는 작업이 반드시 필요합니다. 감정일기도 좋고, 믿을 만한 사람에게 이야기를 하거나 전문가에게 상담을 받는 것도 모두 좋은 방법입니다.

거듭 말씀드리지만 의존과 독립이란 인간이라면 누구나 평생 저울질하면서 균형을 잡아가야 할 심리적 과제입니다. 다만 인생의 시기에 따라 어떤 부분에 포커스를 맞춰야 할지는 차이가 있겠지요. 누구나 성장하면서 부모와 멀어지고 독립을 추구하는 때가 옵니다. 그리고 그 순간 부모의 장단점과 그로부터 받은 다양한 영향을 있는 그대로 인식하고 수용할 수 있어야 부모로부터 진정한 독립을 이룰 수 있답니다.

실질적으로 해볼 만한 방법들을 말씀드리자면, 부모님과의 연락 횟수를 줄여보는 것이 도움이 됩니다. 우선 평균적인 연락 횟수를 객관적으로 적어보세요. 생각보다 자주 연락한다는 것을 깨닫게 될 것입니다. 나도 모르게 당연히 부모에게 먼저 상의했던 것들도 혼자서 결정하는 연습도 중요합니다. 그 부분도 잘 살펴보세요. 의외로 대소사를 자동적으로 부모님과 상의해 온 자신을 발견할 수도 있습니다. 하지만 갑자기 연락을 줄이거나 상의 없이 혼자 결정하려 할 때 불안이 찾아올 수 있으므로 결코 쉬운 일만은 아닐 겁니다.

그 불안은 이면의 심리적 갈등 때문이고 주로 과도한 죄책감과 관련이 되어 있습니다. 자녀가 성인이 되어감에 따라 지극히 자연스러운 그 과정에서, 이처럼 부모에게 과도한 미안함과 죄책감을 갖고 있는 것은 심리적으로 바람직한 모습은 아닙니다. 부모를 자신의 삶에서 완전히 떼어내라는 이야기가 아닙니다. 조금이라도 부모로부터 심리적 거리를 두려고 하면 당장은 마음이 불편할 수 있을 거예요. 그럼에도 스스로가 주체가 되어 삶을 독립적으로 살아가려는 것에 대해 죄책감을 가지지 않았으면 합니다.

독립에 대한 불편감과 죄책감은 잘못하기 때문에 찾아오는 것이 아니라 익숙하지 않아서 느껴지는 것일 뿐입니다. 사람은 옳고 그름보다도 익숙하냐 그렇지 않냐에 의해 판단을 하기가 쉽기 때문입니다. 오히려 불편하고 죄책감이 느껴지는 건 지극히 자연스러운 일이라는 점을 잊지 않고 꾸준히 시도해보길 권유합니다.

발표 공포증이라는 고통

—

"저는 발표 공포증을 달고 삽니다. 제가 전공하는 학과는 각자 과제물을 교수님과 학우들에게 보여주고 비평하는 수업이 유독 많습니다. 그때마다 위협적이고 끔찍한 일이 닥칠 것 같은 공포감을 느껴요. 발표를 하루 앞둔 시점부터 발표를 마칠 때까지 긴장감과 공포감에 휩싸여서 너무나 고통스럽습니다."

이런 하소연을 털어놓은 여대생은 자신의 발표 공포증의 근원을 따라가다 보면 어린 시절의 한 장면이 곧바로 떠오른다고 합니다. 유치원 때 뜀틀 구르기 수업이 있었는데, 친구들과 부모들이 다 보는 앞에서 자기 순서가 되었을 때 그만 포기하고 뜀틀 앞에 주저앉아버렸던 그 기억이 생생했기 때문이지요. 실전 앞에 포기해버린 자신과, 그런 자신을 쳐다보는 사람들의 시선이 이후의 삶까지 떠나질 않았던 것입니다. 그 후 학창시절 내내 발표 순서가 됐을 때 무서워서 한 마디도 못하고 교단을 그냥 내려온 적이 한두 번이 아니었습니다.

대학생이 된 후 발표 기회를 자주 갖다보면 자연스레 고쳐지지 않을까 기대도 해보았지만, 남들 앞에서 자신의 모습, 자신의 결과물을 보여준다는 사실 자체에 공포감을 느껴 아예 결석을 해버리기도 했답니다. 이 학생에게 어린 시절의 가정의 모습을 듣게 되었습니다.

"밥 먹다 흘려서 할아버지의 버럭 하는 꾸중에 울었던 기억이 나요. 아버지와는 어릴 적 스키장에 갔었는데 리프트를 타고 높은 꼭대기에 올라간 뒤 저를 그냥 내버려두고 혼자 알아서 내려오라면서 가버리셨지요. 그때 혼자 남은 공포감은 여전히 생생해요. 아버지의 폭언은 그 뒤로도 자주 있었고요."

내면에 수치와 공포가 쌓이면 분노로 이어지고, 분노라는 감정을 억압하며 견디고 나면 결국 우울증이 오는 것입니다. 이 학생 역시 검정고시로 학업을 마치고 대학에 입학한 후 우울증이 심해져 정신과 치료를 피할 수 없었지요.

아무리 주변에서 칭찬을 받고, 용기를 내어 발표에 참여해보아도 수치심과 공포심은 여전했습니다. 자신의 이런 단

점을 극복해보고 싶어 여러 노력을 해보았지만, 근본적으로 자리를 잡은 수치심과 공포심은 쉽게 극복되지 못했습니다. 모든 것을 털어놓아야 할 정신의학과 선생님에게도 이러한 고민을 모두 말해버리기엔 창피함이 앞서서 이야기하지 못했다고 합니다.

긴장하는 내가 왜 유독 싫을까?

인간은 사회적 동물입니다. 혼자 살 수 없고 함께 부대끼면서 서로 영향을 주고받으며 살아간다는 의미죠. 사회생활을 하다 보면 서로 평가하고 평가받는 과정을 피할 수 없는 순간이 옵니다. 평가 자체는 누구에게나 부담이지만 성취의 기쁨을 느끼고 좌절을 극복하는 경험을 하며 성장하는 것이죠.

타인 앞에서 자신을 표현하는 일을 고통으로 여기는 사람에게 있어, 이 괴로움은 매일 마주하는 타인과의 관계에서 오는 것이라 피할 수도 없습니다. 늘 반복되기 때문에 고통이 더 클 거예요. 매일 남들의 평가에 좌지우지되는 마음이 얼마나 힘들었을까요.

자신의 일에 열심히 매진하는 성실한 사람이고 성장하려는 의지도 클 텐데, 그럼에도 왜 불안과 두려움을 느끼는 걸까요? 사람은 한 번 대인관계 방식을 습득하면, 습득된 대인관계 패턴을 반복하는 경향이 있습니다. 자신이 습득한 '조건화'에 따라 행동하는 것이지요. 이 학생처럼 어린 시절 남들의 시선과 평가로부터 수치심이나 공포를 느꼈던 사건을 반복적으로 경험하면 내면에 불안이 깊게 자리 잡을 수밖에 없습니다.

타고난 기질도 영향을 미칠 수 있어요. 섬세하고 민감한 성격이라면 낯선 환경에서 더 예민해지고, 남들의 생각을 지레짐작해 위축될 테니까요. 자신의 불안한 내면 상태를 남들에게 보여주고 싶지 않은 마음까지 더해지면 혹시나 들킬까봐 내면의 불안이 더 커질 수밖에 없습니다. 결국 발표 공포증과 같은 문제는 외부 상황보다는 자신의 내면에서부터 발현되는 것이라 할 수 있습니다.

물론 머리로는 알고 있지만, 정작 이목이 집중되는 상황을 만나면 긴장감이 고조돼 '결국 모욕을 당할 것이다'라는 두려움에 사로잡히게 됩니다. 그 감정을 상대하는 것이 너무 힘들기 때문에 그 자체를 회피하고 외면하면서 지내왔던 겁니다. 상담을 하는 담당의에게도 말을 안 할 정도로요.

이른바 '사회불안장애'를 겪고 있는 많은 사람들이 그렇습니다. 문제를 인지하고 극복하려고 하지만 그러려면 괴로운 감정 상태를 마주해야 하기 때문에 계속 회피만 반복하다가 점차 문제가 커지는 것이지요. 호랑이를 잡으려면 호랑이굴에 들어가야 하는데, 호랑이가 무서우니 피하게 되는 것입니다. 다른 문제로 치료를 받다가 담당의에게 우연히 발견되는 경우가 특히 많은 이유이기도 합니다.

타인의 반응을 특히나 민감하게 받아들이는 사람이라면 이런 고통을 겪을 가능성이 더욱 큽니다. 부정적인 평가뿐 아니라 긍정적인 평가를 받을 때도 두려움을 느끼지요. 실제 평가의 결과가 어떤 것이든 감정의 모든 회로가 불안과 공포로 빠르게 움직일 것입니다. 뇌과학적 볼 때, 이성의 뇌보다 감정의 뇌는 훨씬 빨리 신호가 전달되어 반사적으로 행동하게 됩니다. 머리로는 아무리 합리적으로 생각하려 노력해도 그 순간에는 결국 수치심과 부끄러움을 느끼게 될 것이라는 두려움으로 이어지는 것이지요.

지금 자신의 마음에서 일어나는 이런 패턴을 명료화하지 않는다면 평생 이러한 고통은 반복되고 고쳐지지 않을 겁니다. 그러다 보면 대인관계나 사회생활 자체가 힘들어지고, 스스로를 고립시키는 방식으로 악화될 가능성이 크지요. 이러한 패턴이 수년간 지속되면 어떻게 될까요? 타인의 평가뿐 아니라 스스로 인정할 만큼 자랑스러운 행동을 하지 못하면 자신을 받아들이는 일은 끝내 불가능하게 될 거예요.

현실적으로 많은 대중 앞에 섰을 때 떨리는 건 너무나 당연한 일입니다. 저 역시도 십여 년 동안 대중강의를 해왔지만 언제나 시작 전에는 긴장하게 되더군요. 불안하고 떨리는 것 자체는 전혀 부끄러울 일이 아니에요. 스스로를 받아들이지 못했을 뿐인 거죠. 떨리고 불안한 상태의 내 자신이 보기 싫고 용납이 안 되는 것이죠.

숨기기보다 드러내기

발표하려다 말고 그냥 교단을 내려오거나, 충분히 능력이 있는데도 아예 발표를 피하기 위해 결석하고 마는 행동은 왜 나오는 것일까요? 마음속 깊은 곳에 스스로 느끼는 수치심이 있어요. 발표를 잘하지 못해도, 결과가 썩 마음에 들지 않아도 대학생활을 하고 인간관계를 맺는 데 거리낌이 없는 사람들과는 다르죠. 무의식적인 수치심이 자극될 때의 스트레스는 그 정도가 매우 크기 때문에 무조건 상황을 회피하려고 합니다.

어릴 적 할아버지나 아버지로부터, 유치원에서 친구들과 학부모들로부터 내적으로 경험한 것을 찬찬히 마주해보는 것은 괴롭지만 분명 도움이 될 겁니다. '그 나이의 내 입장에서 그럴 수도 있는 일이잖아' '긴장하는 게 당연한 거야'…… 감당하기 힘들 정도로 지나치게 힘든 감정을 경험했던 그 때의 나 자신을 위로해주세요. 그리고 스스로 별 거 아니라는 확신을 가지세요.

갑자기 내면의 수치심과 맞닥뜨리고 그 원인을 짚는 것이 지금 당장에는 참으로 괴로운 일이겠지만 조금 다른 관점으로 이 문제를 직면해야 합니다.

'다른 사람이 자신을 어떻게 보느냐'가 아니라
'내가 나 자신을 어떻게 보느냐'에 더 집중해야 할 때
입니다.

자신의 예민하고 섬세한 기질을 인정해주고, 남들 앞에서 긴장되고 떨리는 그 상태를 있는 그대로 받아들이는 연습을 해보세요. 대중 앞에 서서 역시나 목소리가 떨리더라도 '긴장되는 게 당연한 거다' '떨었지만 내가 준비한 만큼 잘했어'라고 스스로에게 확신을 주는 거예요. 떨리는 것에 대한 거부감을 극복해야 다른 사람에게도 내 상태를 드러낼 수 있습니다.

확실한 건 숨기는 것보다 오픈하는 것이 긴장감을 줄이는 데 훨씬 효과적이라는 점이에요. 참 아이러니하게도, 떨지 않으려는 노력보다는 확실하게 떨려는 노력이 도움이 됩니다. 발표를 시작하기 전 대중을 바라보고 '열심히 준비했지만 떨린다'라고 말해보세요. 그렇게 함으로써 떨리는 마음을 숨기려는 시도를 할 필요가 없게 되니, 오히려 마음이 편해지며 덜 떨리게 되기

도 합니다. 긴장된 마음을 인정하고, 솔직하게 드러내는 것부터 시작입니다.

약물의 도움을 받는 것도 좋은 방법이에요. 약물로 떨리는 증상 자체를 컨트롤할 수 있게 되면 보다 긍정적인 경험을 이어갈 수 있고, 다시 시도할 수 있는 자신감이 생길 거예요. 혹여 약에 대한 거부감이 들 수도 있을 텐데, 근본적인 치료라기보다 행동 치료를 하기 위한 일종의 '전 처치' 개념이라고 보면 됩니다.

대중 앞에서 경험하는 불안과 긴장의 가장 안타까운 점은, 이 증상 때문에 내 활동 반경이 점점 좁아지고 결국 내 잠재력을 발휘할 수 없게 된다는 것입니다. 사람이기 때문에 낯설고 주목받는 상황에서 어느 정도 떨리는 것은 피할 수 없습니다. 피할 수 없으면 마주해야 하지 않을까요? 능력이 있고, 꿈이 있는 데 정작 실체 없는 수치심과 불안감에 발목 잡혀 제대로 펼치지 못한다면, 얼마나 인생이 억울하겠어요. 발목 잡히는 삶이 아닌, 한 걸음 더 내딛는 여러분이 되길 바랍니다.

내가 먼저
나의 편이 되어주는 연습

: 스스로 원하는 삶으로, 감정 회복의 힘

과거에서 헤어나오지 못한다면

—

🌱

저는 부모님과 살고 있는 30대 여성입니다. 부모님이 어린 나이에 저를 낳아 조부모님 댁에서 어린 시절을 보내야 했어요. 함께 살던 할머니와 큰어머니가 저를 유독 미워했는데, 잊고 싶은 기억이지만 지금껏 잊히지 않아요. 일곱 살 적에 옥상에서 나를 순간적으로 밀려 했던 큰어머니, 태풍에 제 어린 몸이 주체할 수 없이 움직여도 가만히 바라만 보던 할머니, 그분들에게 저는 태어나지 말았어야 하는 존재들이었지요. "네 부모가 어려서 그렇다" "재수가 없다" 등 저를 향한 비난은 그치질 않았습니다.

제 부모님을 원망한 적은 없어요. 스무 살에 저를 낳은 부모님도 당시 어렸었기에 저에 대한 비난을 막아줄 힘이 없으셨을 거예요. 오히려 어린 나이에도 나의 부모님은 내가

지켜야 하는 존재처럼 여겨졌습니다. 동생들은 물론이고
요. 할머니와 큰어머니에게 구박받았던 기억과 상처와 가
난은 다 지나간 일이라고 생각했습니다. 그런데 제가 의대
에 합격하면서 가족들이 저를 대하는 태도가 180도 달라
졌고, 그 모습을 볼 때마다 과거에 학대받던 악몽 속으로
다시 들어가는 기분입니다. 부모님께서는 두 사람을 용서
하라고 하고 저도 잊어버리고 싶지만 그럴수록 미움과 분
노가 커지는 것 같습니다. 아직 저는 그 시절에 갇혀 사는
걸까요?

복합 트라우마로 인한 방어기제

누구나 경험하는 소소한 감정들을 표현은커녕 인식조차 제대
로 하지 못할 정도로 힘든 상황에서 성장한 사람들이 있습니다.
보통 아이들은 부모가 자신을 바라봐주는 대로 스스로를 바라봅
니다. 부모의 무조건적인 사랑과 존중, 그리고 보호와 편 들어주
기가 있어야 아이는 비로소 인생의 주인공이 되어 스스로 느끼고
생각하고 말하고 행동하는, 그야말로 '성장'을 할 수 있습니다.

그와는 반대로 성장 과정에서 방임, 학대를 겪게 되면 수치심

과 두려움이라는 강력한 기본 정서가 자리 잡게 됩니다. 개별적 존재로서 존중받지 못한 경험을 반복하면 수치심이 쌓이고, 학대를 경험하면 공포심이 쌓이기 때문이죠. 자신의 존재에 대한 확신이 부족하니 감정을 인식하고 표현하며 스스로를 보살피고 보호하는 데 어려움을 겪게 되는 것입니다.

그런 경우엔 어린 시절부터 반복적으로 다양한 심리적·신체적 문제를 겪는, 일종의 복합 트라우마 상태를 겪게 됩니다. 복합 트라우마는 생존의 위협에 압도되어 생기는 일반적 트라우마와 달리, 어린 시절 광범위하고 지속적인 신체적 정서적 학대, 방임 및 중대한 스트레스를 경험할 때 생깁니다. 그 결과 정서적, 인지적, 사회적 발달에 부정적인 영향을 받아 한 사람의 잠재력을 발휘하지 못하게 되기 쉽지요.

사람이 고통스러운 상황에 놓이면 피하고 도망가는 것이 자연스럽지만, 스스로 어쩌지 못하는 환경에서 지속적으로 학대를 받을 경우 정반대의 성향을 보입니다. 피할 수 없으니 본인만의 방식으로 스트레스를 낮추기 위해 상황을 합리화하고 감정을 철저히 억압하면서 무력감을 받아들이는 식으로 현실에 순응하는 것이죠. 가족이라는 큰 구도 안에서 펼쳐지는 위협적인 상황에서 극심한 불안을 느끼면서도 감정을 드러내지 않고, 오히려 그 상황에 익숙해지기도 하고요.

이런 경우 자기 자신의 감정을 다루는 데 익숙지 못하여 대인

관계에서도 어려움을 겪기도 합니다. 이런 트라우마에 장기간 노출된 사람은 자신의 감정을 알아차리고 표현하는 게 어려워져요. 감정을 존중받기는커녕 철저히 억압해야만 살아남을 수 있었기에, 대인관계에서 감정을 억압하는 것이 오래된 패턴이 되어버린 것이지요.

부모로부터 반복적인 학대와 방임을 지속적으로 당하며 복합 트라우마를 경험한 20대 남성 분이 있었습니다. 이 분 역시 주로 어려움을 호소하는 부분은 대인관계였습니다. 농담이라며 선 넘는 이야기를 타인으로부터 들었을 때, 자신의 경계를 지키거나 정색조차 하지 못하고 웃어버리는 게 습관이 되었다고 했습니다. 그러면 상대는 더욱 더 경계를 넘어오기 마련일 테지요. 자신이 그 사람에게 쉬운 사람 취급을 받는 것 같고, 무시받는 것 같아 결국 집에 돌아와 소위 이불킥을 하게 되는 겁니다.

어떻게 하면 선 넘는 상대에게 대응을 잘 할까가 고민의 포인트였지만, 핵심은 그게 아니었습니다. 그 순간의 감정을 놓치고 있다는 것이 문제였던 거죠. 대인관계는 사랑, 애정, 친밀감 등의 긍정적 감정도 경험하지만, 반면 서운함, 원망, 수치심, 분노 등의 부정적 감정도 경험하는 것이 필연적입니다. 이런 감정을 그대로 인식할 수 있어야 적절히 반응을 할 수 있습니다.

하지만 복합 트라우마를 겪으면 '감정표현불능증'이라는, 감정에 무뎌지는 방어기제가 작동하게 되어 불편함보다는 그저

명하게만 느껴집니다. 그 순간의 자기감정을 인식하지 못하니 대응도 하지 못할 테고, 뭔가 멍하고 당황스러운 느낌만 들기 때문이죠. 그럴 때 그저 이 상황을 무마시키려고 반사적으로 멋쩍은 웃음만 지으면 어떻게 될까요? 상대는 나를 더 쉽게 보고 자유롭게 선을 넘나들게 됩니다. 감정을 인식하고 표현하는 것은 뜬구름 잡는 이야기가 아니라, 실제 나의 삶에서 아주 많은 영향을 미치는 현실적인 이야기인 것입니다.

유년시절에 겪는 학대의 경험은 어린아이가 감당할 수 있는 수준이 분명 아닙니다. 어떤 양육자라도 해선 안 되는 행동입니다. 현재의 가족들의 모습과 별개로 여전히 상처받은 사람의 마음속에 적개심과 미움이 남아 있는 것은 당연합니다. 이성적으로 이해해도 마음 깊은 구석에서는 본능적으로 원망의 감정이 들 수밖에요. 반복적인 트라우마로부터 만들어진 모호한 감정을 오랜 기간 외면하고 지내다 보니 성인이 돼서도 그것을 어떻게 다뤄야 할지, 잊어버려야 할지, 표현해야 할지를 결정하지 못해 혼란을 느끼는 겁니다. 그런 정서적 혼란을 겪는 자신에 대한 자괴감까지 더해져 일상생활에 충분히 집중하기가 힘든 것이 가장 큰 어려움입니다.

사연자의 경우, 무책임하고 무력한 부모님에 대한 원망의 감정을 제대로 인식하지 못했어요. 오히려 자기가 보호하고 지지해야 할 존재라고 느껴왔습니다. 어린 동생들을 챙겨야 한다는 강한 부담감을 갖고 있는 것도 그런 맥락입니다. 남들을 위해서 정작 자기 자신을 놓치는, 이른바 정서적 착취 상황이지요. 그렇게 오랫동안 응축됐던 고통스러운 감정의 덩어리가 아이러니하게도 경사스러운 의대 합격을 계기로 터진 것 같습니다.

트라우마 상황에서 가장 힘든 것은 꼭꼭 숨겨뒀던 감정이 트리거가 되는 상황에서 노출되고야 만다는 점입니다. 하지만 그 감정은 너무 고통스럽기 때문에 두려워서 다시 감정으로부터 도망갑니다. 그렇게 또 억압되고 외면하거나 피해 다니지만 결국 또 나를 괴롭힙니다. 그럼 어떻게 해야 할까요?

솔직한 감정과 마주하기

우리가 꼭 알아야 할 지점이 있습니다. 이러한 정서적 트라우마는 가해자가(사연자의 경우 할머니와 큰어머니가) 자신의 잘못을 뉘우치고 용서를 구한다고 해서, 혹은 자기 스스로 기억을 잊는다고 해서 해결되는 게 아니라는 점입니다.

과거가 떠오른다면 억압하고 외면하기보다
오히려 그때의 기억과 감정을 온전히 마주하고
지금이라도 인정하고 받아들이는 과정이 필요합니다.

많은 사람들이 괴로워서 피하지만, 아이러니하게도 괴로움을 느끼면서도 마주해야만 치유할 수 있는 것이 트라우마입니다. 억눌린 감정을 해소하지 않으면 당장은 넘어가도 앞으로 경험하는 다른 인간관계에서, 혹은 자기 자녀의 양육 과정에서 끊임없이 반복될 수밖에 없으니까요.

핵심은 가족과의 관계 회복이 아니라 진솔한 감정의 회복이라는 점을 강조하고 싶어요. 어린 시절 상처받은 자신의 모습을 직면하고, 그 감정을 말로 표현하는 것이 그래서 중요합니다. 누구든지 어린아이에게 그렇게 하면 안 되는 일이었고, 자녀를 무조건 보호하고 사랑해야 할 부모가 절대로 방관해선 안 되는 것이며, 그 일로 자신이 굉장히 고통스럽고 힘들었다는 걸 솔직하게 표현하는 것이 상처를 회복하는 첫걸음이 될 거예요.

복합 트라우마의 흔한 증상은 정서적 무감각입니다. 현재의 대인관계에서 애정, 친밀감 등의 긍정적 감정조차 충분히 느끼기 힘들어지는 증상이지요. 고통으로부터 나를 지키기 위해 감정의 통로를 아예 닫아버리는 모습으로 나타납니다. 반면, 진한 감정이 느껴지는 과거의 일을 떠올릴 때에만 관련된 감정을 경험하고, 비로소 살아 있는 느낌을 받아 고통스러우면서도 강박적으로 과거에 집착하게 됩니다. 그래서 과거뿐 아니라 현재 삶에서 느껴지는 다양한 감정도 자연스럽게 표현함으로써 감정의 통로를 회복해야 합니다.

믿을 만한 사람에게 이야기하기

숨겨두었던 감정이 터져 나왔을 때, 오랫동안 무시했던 나의 감정에 귀를 기울일 때가 됐다는 마음의 신호라고 여기면 오랜 기간 반복된 문제를 해결할 실마리가 보이는 경우가 많습니다. 피하고 싶던 그 감정을 직면해야지만 해결할 수 있어요. 고통스러우니까 피한 건데 마주하라니 너무 가혹하지요. 하지만 순간의 안정을 위해 덮어두면 나를 끊임없이 괴롭히는 것이 트라우마입니다. 내게 상처를 준 상대가 밉다고 억지로 외면하거나, 좋은 점을 간신히 찾아내려는 것보다는, 내 감정을 그대로 두고 지켜보는 것이 좋습니다. 가장 좋은 방법은 내가 믿을 만한 가까운 사람에게 이야기하는 거예요. 전문가에게 꾸준히 상담을 받는 것을 추천하지만 여의치 않다면 본인이 신뢰하는 가족이나 지인과 시작해도 좋습니다. 지금 당장 떠오른 상대가 있다면 그 사람에게 묵혀두었던 내 마음을 충분히 표현하고 공감을 받는 것이 큰 도움이 됩니다.

만약 주변 사람에게 힘들게 이야기를 털어놓았는데 듣는 사람이 나를 판단하거나 비난하는 듯한 느낌을 받으면 또 하나의 상처가 더해질 수 있고, 그러면 더욱 더 억압하게 된다는 리스크가 있습니다. 그럴 때에는 감정일기를 쓰면서 당시의 상황과 느낌을 자세하게 기록하는 것도 좋습니다.

부모님에 대한 감정은 감정일기의 중요한 소재가 됩니다. 어린 시절부터 쌓여온 부모님에 대한 미움과 서운함을 오랫동안 묻어둔 채, 적어도 겉으로 보기에 좋은 관계에서 다시 그 감정을 떠올릴 테니 아무래도 솔직한 표현은 결코 쉽지 않을 거예요. 회복의 길은 상처를 준 부모와의 관계를 위해서가 아니라, 오롯이 상처 입은 나 자신을 위해서 가야 합니다. 앞으로 펼쳐질 인생에서 좋은 일을 온전히 누리기 위해, 좀 더 진실한 관계를 맺기 위해 내 마음이 주는 자연스러운 신호라고 생각하면 조금 견딜 만하지 않을까요.

익숙하지 않아 어렵겠지만, 거절하는 연습도 조금은 필요합니다. 사연자의 경우 앞으로 할머니와 큰어머니를 포함한 가족들이 자신에게 요구하거나 기대하는 일들을 차마 거절하지 못하는 상황이 되면 또 한 번의 고비가 찾아올 겁니다. 예를 들어, 추후 안정적인 경제활동을 하게 되면 금전적 지원을 요구할 수도 있고, 의사가 되면 건강 문제로 잦은 상담이나 소개를 요구할 수 있습니다. 그럴 때 머리로는 거절하고 싶지만 반사적으로 요구에 응할 수 있고, 오히려 기뻐하며 흔쾌히 들어주는 엉뚱한 반응이 나올 수 있습니다. 그러면 매우 큰 자괴감이 들 겁니다. 그 고비는 자신이 약한 사람이라서가 아니라 무력감에 길들여져 있기 때문이에요.

당장 거절이 어렵다면 우선은 그냥 가만히 멈추어 있기, 혹은 상대의 소소한 요구에 적극적으로 임하지 않는 모습이라도 시도해보세요. 최소한 떨떠름한 모습이라도 보이거나, 전화가 오면 우선 받지 않고 마음이 불편해도 답을 하지 않거나 다음날 문자를 하는 식으로요. 상대가 갑자기 왜 이러냐며 비난할 수도 있을 겁니다. 하지만 앞으로 가족관계는 자신의 마음이 편한 쪽으로, 주도적으로 만들라는 조언을 하고 싶어요.

미성년 때에는 문제가 있는 어른들과 함께 살면서 스스로 결정할 수 있는 일이 없었겠지만, 성인이 된 지금은 원 가족과 분리돼 독립된 인격체로 자신의 인생을 설계하기 시작하는 상황에 놓인 겁니다. 가족과의 인연을 끊으라는 말이 아니라 어떤 상황에서도 내 자신이 자기감정의 주체가 되어 인생을 결정하라는 뜻입니다.

홀로서기 연습

—

시댁과의 갈등으로 남편과 감정의 골이 깊어지면서 이혼 위기에 있는 한 주부가 있습니다. 남편은 갈등이 있을 때마다 아내를 전혀 이해하지 못하고 본인의 원가족의 입장만 우선시하며 화를 냈지요. 시어머니도 사돈이나 며느리를 향한 태도가 처음부터 지금까지 무시하는 듯한 말과 행동으로 일관하고 있었습니다. 좁은 신혼집에 연락도 없이 시댁쪽 대가족을 이끌고 찾아오기도 하고, 정기적으로 시댁의 경조사와 어른들 찾아뵙기를 지시하셨지요.

첫 출산을 했을 때도 시댁에선 전화 한 통 오지 않았지만, 남편의 친할아버지의 구순 잔치에 백일도 안 된 아기를 불러내는 데 이르자, 참아왔던 아내가 남편에게 불만을 터뜨렸습니다. 남편은 여전히 자신의 엄마 편을 들면서 도리어 더 크게 소리를 질렀습니다. 싸움이 커지자 남편은 화를 이기지 못하고 핸드폰을 들어 자신의 장모에게 문자를 보냈습니다. 문자의 내용은 가히 충격적이었습니다. "딸을 칼로 찔러 죽이겠다." 그 후 남편은 장모에게 사과하기는커녕 아예 처갓집에 발길을 완전히 끊어버렸다 합니다.

아이까지 태어난 상황에서 아내는 참을 수밖에 없었습니다. 육아는 오롯이 혼자만의 몫이었고, 남편은 집에 들어와도 피곤하다는 이유로 아이를 돌보지 않았고, 불만을 말하면 집을 나가버리는 패턴이 반복됐습니다. 한 번 싸우면 계절이 바뀔 때까지 독박육아를 하는 생활의 연속이었던 거지요. 남편과 대화로 해결해보려고 했지만 대화가 이어지지 않고 큰 소리로 화내는 것으로 마무리되었고, 간혹 아이 어린이집 관련하여 상의를 하는 것조차 아내에게 '너무 말이 많다'며 자리를 피해버릴 정도였습니다. 주위에 얘기를 털어놓고 도움을 구할 사람이 아무도 없음에 더욱 외롭고 고통스런 나날을 보냈습니다.

어느 날엔 갑자기 남편이 육아휴직을 내겠다고 통보를 하더랍니다. 일이 힘들다는 것이 이유였습니다. 집을 사느라 빚을 잔뜩 진 상황에서 무책임하게 행동하는 남편을 보며 더 이상 함께 사는 것이 무의미하다고 여겨졌던 아내는 이혼을 요구하게 되었지요. 그러자 돌아오는 대답은 "네 능력껏 해봐"라는 옥박과 무시였습니다.

"친정어머니가 많이 편찮으신 상황이라 친정에 제 사정을 말하지 못했어요. 가정에 소홀하고 엄마를 함부로 대한 친정아버지 때문에 홀로 어렵게 남매를 키운 어머니 슬하에서 자라면서 늘 외로움을 느꼈습니다. 그래서 급히 결정한 결혼이 결국 다시 도돌이표처럼, 도망치고 싶은 가정으로 돌아왔다는 생각에 자괴감이 듭니다. 세상에 아이와 저 둘 뿐인데 어떻게 살아가야 할지 너무 두렵습니다."

대화를 시도해보는 노력

흔히 시댁과의 갈등이 있을 때 아내들은 당연히 배우자인 남편이 자신의 입장을 헤아리고 자신의 편이 되어주기를 기대할 겁니다. 하지만 매번 돌아오는 남편의 반응이 무심함 혹은 무시로 돌아올 뿐이니 서운함은 당연하거나와 신뢰도 흔들리게 될 테죠. 결혼 생활의 가장 큰 장애물로 시댁과의 갈등을 이야기하는 사람들이 참 많습니다. 시댁과의 갈등은 남편과의 불화를 부추기고, 성난 남편 때문에 육아마저 홀로 감당하는 독박육아의 결과를 안겨주기도 하지요. 남편이 중재는커녕 도리어 시부모를 두둔하고 있는데, 이럴 때 대화마저 피한다면 어떻게 개선할 수 있을까요?

'말이 너무 많다'는 남편의 말에 힌트가 있습니다. 장모에게까지 충동적으로 행동하는 남편을 볼 때 성격적인 문제가 있거나 심리적으로 여유가 없는 상태라 추정됩니다. 자신의 심적 압박감도 다스리지 못하는 상태일 텐데, 누군가와 상의하는 말은 또 하나의 스트레스가 될 것 같습니다. 매우 수직적이고 통제적인 시댁 분위기로 볼 때, 그 속에서 자라온 남편은 부부간 정서적 상호작용에 있어서 필수적인 대화 자체를 또 하나의 간섭으로 여길 가능성이 있습니다. 부부가 정서적으로 연결되고자 하는, 아내로서 마땅히 가질 만한 소망도 남편에게는 구속으로 여겨질 수 있고요.

그럴 땐 말이 아닌 듣기로 대화를 해보는 것이 도움이 됩니다. 진지하게 말하는 것이 아니라, 진지하게 들어보는 것이죠. 그동안 당한 일이 많아서 들어주기까지 해야 하냐고 억울한 마음이 들 수 있습니다. 하지만 2보 전진을 위해 1보 후퇴하는 것이 이럴 경우 도움이 될 수도 있어요. 남편은 부부 관계 개선을 위한 시도조차 하지 않기 때문에, 시도해볼 수 있는 사람이 마지막 테스트라는 생각으로 해보는 것이지요. 충분히 들어보면 상대에게도 듣는 귀가 열리는 시점이 생깁니다. 그 때 나의 입장을 전달해보세요.

사연 속 아내 입장에서는 배우자에게 응당 기대할 만한 수준의 감정적인 역할과 책임을 요구하고 있다고 생각할 수 있어요. 하지만 평소 두 사람 사이에 정서적 교류뿐 아니라 형식적인 대화조차 부족한 상태였기 때문에 남편 입장에서도 아내가 시댁과 남편에게 느끼는 불만을 알아차리기 어려웠던 부분이 있을 수 있습니다. 시어머니가 무리한 요구를 했을 때나 남편이 무책임한 행동을 했을 때, 막상 사연의 주인공이 실제 생각이나 감정보다 훨씬 소극적으로 대응했다면 더욱 그러하겠지요. 아무리 불합리한 상황이라고 할지라도 당사자가 정확한 액션을 취하지 않으면, 남이 보기엔 이 상황을 수용하고 있는 것으로 착각하고 함부로 대하기 쉽기 때문입니다. 모든 사람은 누울 자리를 보고 다리를 뻗으니까요.

혼자 남겨질 불안감 때문에 참아왔다면

시댁 어르신들이 무례하게 며느리를 대한다거나, 임신과 출산 과정에서 충분한 지지나 도움을 받지 못했다면 그 과정에서 서러움을 억누르며 홀로 전전긍긍했던 상황은 또 얼마나 힘들겠습니까. 그런데 마음 한편으로는 또 다른 두려움이 도사리고 있겠지요. 내 불만을 겉으로 표현하거나 거절하면 과거 여러 번

그랬던 것처럼 혼자 남겨질 수 있다는 막연한 불안감 말입니다. 그런 패턴이 반복되면 인간관계에서 자신의 생각을 드러내고 분명하게 거절하는 것이 쉽지 않습니다. 어쩌다 불만을 조금이라도 표현하면 상대도 집을 나가버리거나 대화를 거부하는 식으로 행동할 수 있을 테니, 본인에게 가장 취약한 외로움과 두려움을 공격해 잠재우게 되는 식이지요.

특히 성장과정에서 외로움을 많이 느꼈던 경험을 가진 사람이라면 고통은 배가됩니다. 사연자도 가정에 무책임한 아버지를 대신해 홀로 힘겹게 남매를 키우는 어머니를 보며 어린 외로움과 무력함, 죄책감과 두려움을 동시에 느꼈던 것 같습니다. 그 부담감에서 벗어나고 싶은 창구로서 결혼을 선택했을 만큼 어릴 적 기억은 너무나 버거운 감정이었을 겁니다. 결혼이라는 안전한 울타리 안에서 배우자인 남편에게 의지해 빈자리를 채울 수 있기를 원했지만 기대했던 수준의 정서적인 지지나 공감을 받지 못하면서 그 좌절감이 더욱 커졌겠지요.

"내 이야기를 털어놓고 도움을 구할 사람이 없다" "친정도 친척도 없이 세상에 아이와 나 단 둘뿐이라 두렵다"라는 사연자의 절규는 그래서 더욱 안타깝습니다. 다만 이 말에 어쩌면 본인이 겪는 괴로움의 핵심이 담겨 있다는 점을 알려드리고 싶습니다. 이미 독립한 성인이고, 책임질 자녀가 있는 부모라 하더라도, 우리 모두는 내면 깊은 곳에 누군가의 도움을 갈구하고 끊임없이 의지할 대상을 찾는 어린아이가 있습니다.

오롯이 혼자 직면하는 경험

남편과의 관계를 개선하거나 정리하기에 앞서 홀로서기 연습이 필요합니다. 무의식적인 패턴으로 자리 잡은 내면의 의존성을 극복하기 위해서는 내 스스로 질문을 던져야 합니다. 스스로에 대한 확신이 부족하고, 혼자 남겨질 것 같은 두려움에 쉽게 사로잡히기 때문입니다. 그럼에도 불구하고 오롯이 혼자 직면하는 경험이 중요합니다. 원가족에서 경험한 결핍을 있는 그대로 바라보고, 그 감정들을 인정하고 받아들이는 것이 시작입니다.

냉정하게 따져 보면 정서적인 교류가 없고 경제적으로도 무책임한 배우자와의 결혼 생활을 애써 유지할 이유가 없다고 여겨질 겁니다. 다만 당장 이혼을 결정하기보다 '혼자가 되더라도 내 의견은 분명하게 전하겠다'는 태도로 상대에게 감정과 태도를 표현하는 연습을 해보라는 조언을 드립니다. 그런 과정을 뚝심 있게 반복하다 보면 내면의 힘이 생기는 것을 느끼며 자신감이 쌓이고, 관계도 원하는 방향으로 조금씩 바꿀 수 있습니다. 눈앞에 있는 갈등 상황을 해결하는 방법이기도 하지만, 보다 근본적으로는 패턴화된 내 안의 의존성을 극복할 수 있는 유일한 방법이기도 합니다.

　너무 늦었다고 생각하지 맙시다. 내게 주어진 인생을 행복하게 보내려면, 그리고 내 자녀를 독립적인 성인으로 성장하게 하려면 어떻게 해야 할까 진지하게 고민하고 용기를 냈으면 좋겠습니다. 스스로 독립하지 못한 부모는 자녀 또한 독립적 인격체로 키워낼 수 없으니까요.

　고립된 느낌은 외로움과 두려움의 악순환을 일으키기 쉽습니다. 그래서 가족 이외에 사회적 지지 체계를 만들어보는 것이 도움이 됩니다. 상대를 지나치게 쉽게 의지해서는 안 된다는 점을 늘 의식하면서, 적당한 거리를 유지하며 관계를 만들어보는 겁니다.

　엄마처럼 자신도 아이를 홀로 책임지며 살게 될까봐 두렵고, 지독한 외로움이 아이에게 대물림될까봐 여러모로 두려우신가요? 그렇지만 눈앞의 갈등에서 한발 떨어져서 두려움의 근원이 되는 과거 상처를 조금씩 마주하길 바랍니다. 그 첫걸음을 시작으로 자유롭고 소신 있는 인생을 살아가시길 진심으로 응원합니다.

열등감이 폭력으로 바뀔 때

—

남편, 두 딸과 살고 있는 주부입니다. 결혼 초부터 시작된 남편의 의심으로 부부간의 소통이 어렵습니다. 남편은 기본적으로 저를 믿지 못하고 습관적으로 함부로 대합니다. 이제는 아이에게까지 욕설을 하고 폭력을 행사합니다. 두 아이를 생각하면 가정을 지키고 싶지만 이런 상태로 살아갈 수 있을지 막막합니다.

남편은 저에게 철저히 무관심하고, 대체로 적대적인 태도를 보입니다. 돌이켜보면 연애시절 친정에 처음으로 인사를 갔던 날이 그 시작이었던 것 같습니다. 남편을 친정 부모님께 처음 소개하는 날 저는 남편에게 "우리 집에서 반대하면 어떻게 하지?"라고 물어봤고, 남편은 "반대하면 당연히 결혼 안 하지" 하고 답하더라고요. 실제로 부모님은 남편과 나이 차이가 많이 나는 점을 못마땅해하셨지만 결혼을 반대하지는 않으셨습니다. 당시 저는 남편의 마음을 알고 싶어 질문했던 것뿐이었지만 남편은 아직도 그 일을 거론하며 친정 식구들에게 적대감을 갖고 있습니다. 친정 부모님은 남편에게 다가가려고 하지만 지금까지도 앙심을 품고 저와 친정에 대한 싫은 감정을 감추지 않습니다.

첫째를 임신했을 때 무관심한 남편의 태도에 상처를 받은 게 한두 번이 아닙니다. 임신 중에 감기가 걸렸을 때에도 저는 물론 태아에게 관심조차 주지 않았습니다. 그런데 막상 첫째가 태어났을 때는 아이가 순하고 잘 울지도 않는다며 아기를 예뻐하더군요. 남편이 딸바보가 되어가는구나 싶던 찰나, 둘째가 태어났는데 남편의 태도가 완전히 달라졌습니다. 둘째는 첫째보다는 예민한 기질의 아이였는데, 그래선지 남편은 아이가 잘 운다며 싫은 기색을 여러 번 내비쳤습니다. 둘째가 돌 무렵이 됐을 때는 "삼청교육대 같은 곳에 보내고 싶네"라며 노골적으로 짜증을 내더군요. 그러다 두 돌이 됐을 때 아이에게 손찌검을 시작했습니다. 둘째 아이가 언니에게 과자를 줬는데 그 때문에 첫째가 밥을 먹지 않는다고 소리를 지르며 둘째의 머리를 때렸습니다. 그러다 분이 풀리지 않았는지 급기야 첫째까지 때리더군요. 평소에도 드러내놓고 차별을 하는 데다 때리기까지

하는 모습에 화가 난 저는 둘째를 데리고 집을 나갔습니다. 둘째를 때리지 않으면 들어가겠다고 엄포를 놓자 남편이 그러겠다고 약속해 다음날 집으로 들어갔습니다. 하지만 여전히 때리는 버릇은 없어지지 않았습니다.

남편이 나를 함부로 대하는 것은 참을 수 있지만 아이에게 까지 이어지니 견디기가 힘듭니다. 남편은 평소 저와 둘째 에게 비속어와 욕설을 여과 없이 내뱉습니다. 어린아이는 물론이고 어른인 저도 듣기 힘든 수준의 막말입니다. 언젠 가 힘들어서 누워 있는데 첫째한테 "오늘이 네 엄마 마지 막일지도 몰라" 하더니, 둘째에게 "엄마 가면 니가 구조조 정 1순위야"라고 하더군요. 백신을 맞고 잠깐 졸다 깼을 땐 대뜸 "죽지도 않고 일어났네"라며 비아냥댑니다. 남편이 둘째의 머리를 너무 자주 때려서, 한때 둘째는 아빠가 가까 이 오면 머리부터 막는 시늉을 했을 정도입니다.

저 역시 어린 시절 아빠의 사랑을 받지 못하고 자랐는데, 이토록 아이들을 함부로 대하는 남편을 볼 때마다 어린 시 절이 떠올라 마음이 좋지 않습니다. 아빠의 사랑은커녕 차 별과 비난을 받고 자라는 둘째 아이를 생각하면 당장이라 도 이혼을 해야 하나 싶다가도 아빠 없이 자라야 하는 아 이들과 경제적인 측면을 생각하면 내가 참고 희생해서 가 정을 유지하는 것이 나을 거라는 생각에 지금껏 참아오고 있습니다. 아이들에게 안정적인 환경을 조성해주고 싶다고 남편에게 읍소하면 "때리지 않는 것만 해도 많이 노력하고 있어" 하며 받아칩니다. 상담을 받자고 해도 거부하는 상태입니다.

비난하고 통제하는 편집성 성격

섬세하지만 의존적인 경향이 있는 사람과, 공격적이면서도 착취하는 성향을 가진 사람. 이런 양 극단의 사람들이 부부로 만나 오랫동안 역기능적인 부부관계(건강한 정서적 상호작용이 되지 않아 갈등이 빈번하게 발생하고 서로에게 해가 되는 부부관계)가 반복되는 상황을 보게 됩니다. 특히 사연에 등장하는 남편은 편집성 성격 특성이 다분한 사람입니다.

비난으로 가득 찬 환경에서 성장하면 공감과 사랑을 충분히 경험하지 못해 존중과 이해받는 느낌 대신 두려움과 수치심을 주로 경험하는 편집성 성향을 가지게 됩니다. 그러면 기본적으로 남을 믿지 못하고 자신의 불신과 열등감을 상대에게 투사해 무시받았다는 모욕감을 자주 경험하며, 관련된 원한을 오랫동안 품고 있을 수 있지요. 그러니 가장 가까운 사이인 아내로서는 의심의 근거도 부당하고 억울하게 느껴지는 게 당연합니다. 결혼생활을 뒤흔들 만한 크나큰 잘못을 저지른 것도 아닌데 부부 사이에 이 정도의 비난과 폭언의 말이 일상화되었다면 이 것은 분명 폭언을 하는 쪽이 잘못입니다. 부부가 당면한 문제의 상당 부분이 남편 책임이라는 거지요.

남편은 자기 자신의 과도한 모욕감과 수치심에서 벗어나는데 급급해 납득이 안 되는 이유를 들어 아내와 아이들을 괴롭히고 있습니다. 남편은 기본적으로 타인에게 모욕과 비난을 받을까봐 두려워하는 사람이에요. 신뢰를 바탕으로 해야 하는 부부 관계에서조차 자신의 안 좋은 면을 상대에게 들킬까봐 불안해하고, 잘못을 지적당할까봐 두려워하는 겁니다. 그런 심리는 오히려 자기가 먼저 상대를 의심하고 비난하며, 통제하는 식으로 심리적 갈등을 해결하려는 행동으로 분출됩니다.

특히 만만한 사람에게 분노와 적개심을 강하게 느끼고 공격적으로 대하게 되는 것이 편집성 성격의 특징이지요. 우려가 되는 부분은 이런 사람이 배우자와 아이들에게 폭언과 폭력을 행사하면서까지 선을 넘고 있다는 점이에요. 특히 사연 속 둘째 아이는 일상적으로 차별당하고 있는데 이는 명백한 정서적·신체적 학대입니다. 경우에 따라 경찰에 신고하는 등의 법적 조치를 하고 접근금지 명령을 통해 분리하는 시도가 도움이 되지만, 오랫동안 이런 상황에 노출되고 길들여진 사연 속 주인공에게는 결코 쉽지 않은 선택일 겁니다.

　이런 특성을 가진 사람과 함께 살고 있다면, 오히려 내 자신이 더 잘못한 게 아닐까 전전긍긍하며 살아갈 수 있는데 이는 절대로 당신의 잘못이 아니라고 말하고 싶습니다. 다만 사연 속 주인공과 같은 패턴을 가진 사람은 고통을 받고 있다 하더라도 한편으론 역기능적인 부부관계 패턴에 기여한 부분이 있다는 점은 짚고 넘어가야 할 듯합니다. 냉정하게 느껴질지도 모르지만 그 사실을 스스로 깨닫지 못하면 앞으로 본인과 자식의 인생에서 똑같은 불행이 반복될 테니까요.

역기능적인 관계 패턴을 끊어내려면

　짐작컨대 사연자는 어린 시절 엄한 아버지, 차별적인 가족 분위기 속에서 갈등을 일으키지 않고 눈치 보는 데 익숙한 생활을 해온 것 같아요. 두려움으로 인해 자기주장이나 기분 나쁜 내색을 잘 못하는 성향을 갖게 된 거죠. 그런 태도를 반복적으로 접하는 사람은 그녀를 존중하지도 않고, 조심스럽게 대하지도 않게 됩니다. 사연을 다시 짚어보면, 저항하고 싶어도 갈등 상황에 놓이는 것에 대한 두려움 때문에 참는 식으로 회피했던 아내는 남편에게 계속 휘둘렸고, 남편은 스트레스를 시종 아내에게 풀어왔어요. 이제는 그 화살이 집에서 가장 약한 존재인 둘째 딸 아이를 향하고 있는 거지요.

지금이라도 휘둘리지 않으려면,
먼저 스스로 바로 서야 합니다.

이혼을 고민하고 있다 하더라도 이 가정을 끝까지 유지할지 말지는 실은 부차적인 문제입니다. 스스로 내면의 힘을 갖추지 못하면 이혼하는 과정도 그렇거니와, 이혼 이후에도 남편에게 휘둘리며 고통당하는 현실을 반복할 가능성이 커집니다.

사연에 등장하는 남편 같은 부류의 사람은 잘못을 인정하지 않을 게 뻔하고, 그래서 극적인 변화나 개선을 보일 가능성이 거의 없습니다. 그러니 건설적인 방향으로의 변화 가능성은 아내밖에 없습니다. 당장 용기가 나지 않을 수 있어요. 하지만 남편에게 '당신 때문에 나와 아이들이 고통받고 있다'는 점을 확실히 전해야 합니다. 남편이 그 사실을 인정하는지 여부와 상관없이 계속 표현을 해야 합니다. 아이의 성격 형성에 큰 영향을 미치기 때문에 있어선 안 될 일이고, 받아들여선 안 되는 행동이에요. 이 점을 분명히 인지해야 할 필요가 있습니다.

이런 부부 밑에서 살아야 하는 어린 자녀들은 가정에서 존재의 의미가 흔들릴 정도로 학대를 당하는 중일 겁니다. 이럴 때 자신이 아내인 동시에 엄마라는 점을 잊지 말아야 해요. 아이들의 정서를 안정적으로 지켜줘야 할 의무가 있다는 얘기입니다. 무력한 모습보다 자신을 위해 용감하게 할 말을 하는 엄마를 보면서 딸들은 진정한 보호자라고 느끼고 믿게 될 겁니다. 부부가 모두 자녀들의 보호자이자 부모로 살아갈 수 없다면 한 사람이라도 바로 서야 하니까요. 만약 이런 때 일방적으로 희생하거나 참는 방식으로 살아가면서 아이를 키운다면 딸들은 그런 무력한 어머니상을 학습하게 되고 불행이 대물림되기 쉽습니다.

당장 혼자 힘으로 어렵다면 전문가의 도움을 받아야 합니다. 현재 상황에서 부부 상담을 받는 것이 어렵다면 자녀 교육을 위한 상담이라도 받을 것을 설득해보세요. 좋은 인간이 되기란 어렵지만 어린 자녀들에게 좋은 부모가 되고 싶은 마음을 전하며 남편과 이야기해보길 권합니다. 조금씩 스스로의 목소리를 내려는 노력을 해보고 행동해야 합니다. 도저히 이렇게 살 수 없겠다는 생각이 들면 그때 결단을 내려도 됩니다.

자식의 독립이 두려운 부모

—

저는 대입을 준비하는 학생입니다. 지난해 저의 뜻대로 대학 입학 원서를 넣었지만 결과가 좋지 않았습니다. 반수를 결심한 저에게 어머니는 "작년에는 네 뜻대로 해서 결과가 좋지 않았으니 이번에는 무조건 내가 쓰라는 곳만 지원해라"고 하십니다. 제가 가고 싶은 대학에 지원하겠다고 하니 어머니는 이렇게 윽박지르시더군요. "네 멋대로 해서 인생 망친 뒤에 딴소리하지 마라!"

아버지는 제게 특별한 관심이 없었어요. 대학입시는 물론이고 어린 시절부터 교육은 어머니께 맡겨두고 신경 쓰지 않으셨죠. 가족여행 외에는 같이 시간을 보냈던 적이 많지 않아요. 말로는 "고민 있으면 언제든 얘기해라"고 하시지만 제가 하는 소리가 괜히 아버지에게 짐이 될까 싶어 적극적으로 다가가지 못합니다.

어머니는 첫째인 저에게 기대가 커요. 저더러 자신의 '희망'이라고 하셨어요. 늘 의지할 대상이 되어달라고 하셨어요. 반면 동생은 어머니의 관심 밖입니다. 성격이 사납고 난폭해서 어머니와 충돌이 많았어요. 사소한 일로도 주먹을 내지르고, 자기 마음에 들지 않으면 학교 수업시간에도 소리를 지르거나 등교를 거부하는 등 돌발 행동을 보였어요. 지금도 어머니와 감정적인 충돌이 잦습니다.

아버지와도, 동생과도 사이가 좋지 않았던 어머니는 저에게 일방적으로 의존하십니다. 아버지와 다투고 난 뒤 당시 일곱 살이던 저를 끌어안고 "넌 나의 분신이야"라고 울면서 말씀하신 기억이 아직도 생생해요. "네가 형인데 참아야지" "장남이니까 이해해야지"라는 말씀을 자주 하시면서 저의 모든 생활을 통제하려고 해요. 그러다 자신의 뜻대로 움직이지 않을 때면 거침없이 분노를 쏟아내셨죠.

어머니께서 화를 낼 때마다 저는 정신적인 스트레스가 극심합니다. 공부를 곧잘 했던 저는 고등학교에 와서 성적이 떨어졌고 큰 불안감에 시달리게 됐습니다. 고2 기말고사가 끝나기 하루 전날의 일입니다. 이번 시험은 전보다 더 나쁜 성적이 나올 테고, 이로써 내 인생도 끝났다는 생각이 들었습니다. 그리고는 가족과 친구, 제 자신에게 남기는 유서를 각각 써두고 극단적인 선택하기로 결심했습니다.

다음날 친구에게 유서를 남기고 산으로 갔는데, 아버지가 황급히 저를 찾아 결국 미수로 그치게 됐습니다. 그날 저녁 부모님은 크게 다투셨어요. 아버지는 "애 교육을 어떻게 시켰길래 저 지경이 됐냐"고 어머니를 몰아세웠고, 그 길로 어머니는 집을 나가버리셨죠. "엄마의 희망인 네가 죽으면 엄마도 죽어야 한다"며 소리를 지르는 어머니를 향해 저는 "힘든 건 나인데 왜 자꾸 짐을 지우느냐"고 소리 지르며 처음으로 그동안 쌓였던 울분을 터뜨렸습니다.

저를 향한 엄마의 사랑은 잘 알고 있지만 저를 지나치게 감정적으로 몰아세우는 일이 반복되다 보니 너무 지칩니다. 성인이 됐는데도 여전히 저를 자신의 분신 여기듯 하는 어머니를 볼 때마다 불안과 우울감이 심해집니다. 저의 극단적 시도가 미수로 그친 뒤 중증의 우울증과 강박증 진단을 받고 일 년간 통원치료를 했습니다. 그 후로 증상이 많이 호전됐지만 대학입시를 계기로 어머니와 충돌하면서 다시 불안증이 심해졌어요.

병원을 가겠다는 저에게 어머니는 "한 번 갔으면 됐지 왜 두 번이나 가냐"며 되레 역정을 내십니다. 남편과 동생에 대한 모든 희망을 버린 채 "엄마의 유일한 희망인 내가 똑바로 살아야 해" 하며 저의 모든 것을 통제하려는 어머니로부터 너무나 벗어나고 싶습니다.

자식을 통제하려는 부모

부모는 자식을 어떻게 키워야 할까요. 양육의 궁극적인 목적은 바로 자녀의 독립입니다. 성인이 됐을 때 독립적인 존재로 원하는 삶을 살 수 있도록 힘을 키워주는 게 부모의 역할이죠. 독립적인 존재로 자라려면 스스로의 판단과 시행착오를 거쳐 성장하는 과정이 필요합니다. 그런데 어떤 어머니는 자식이 고분고분 내 말을 잘 듣고 일탈 없이 성장하길 바라기도 합니다. 어머니인 자신의 뜻을 거스르는 건 용납이 안 되는 일이자 감당 못 할 정도로 불안한 일이 되는 거죠. 대학을 결정할 때도 자식의 의견을 듣기보다 자신이 원하는 대로 해주길 강요할 테고요. 자식을 독립적인 존재로 키우기보다 자신의 품 안에 두길 원하는 심리가 깔려 있는 겁니다.

하지만 사연 속에는 아버지의 개입이 전혀 보이지 않습니다. 자녀의 육아와 교육에서 아버지는 철저히 방관자였습니다. 그 때문에 어머니는 과도한 책임감을 떠안게 됐어요. 부부 사이가 좋지 않다 보니 자녀 교육으로 인한 또 다른 충돌을 피하기 위해 의도적으로 회피했던 것일 수도 있겠지요. 부모 중 한 사람이 자녀 교육을 전담하게 되면서 그 모든 책임도 오롯이 지게 되는 구조가 되는 셈입니다.

속설에 따르면, 성공적인 입시의 세 가지 조건 중 '아버지의 무관심'도 포함되어 있던데, 실제로 이런 구조의 가정이 많다고 하지요. 사공이 많으면 배가 산으로 간다는 논리이지만, 입시 너머의 인생이라는 거시적 관점에서는 사공이 한 명뿐이면 배의 방향이 한쪽으로 쏠리기 매우 쉽습니다.

어머니 역시 자신이 홀로 감당하는 자녀 교육의 무게로부터 큰 불안을 느꼈을 거예요. 어머니는 자식의 미래나 성공을 자신과 분리해서 생각하기 어려웠을 겁니다. 문제는 자식에게 강요하는 것들이 결코 아들을 위한 것이 아닌, 어머니가 생각하는 성공적인 삶이라는 점입니다. 어머니는 자식이 스스로 원하는 삶을 살아갈 힘을 길러주는 데 미숙한 사람이었던 겁니다.

세상의 모든 자녀들은
그 누구도 아닌 스스로의 인생을 살기 위해서
자기 혼자 선택할 수 있어야 합니다.

그에 뒤따르는 성공과 좌절의 경험도 반드시 필요하고요. 그래야 자신의 인생을 끌고 나갈 수 있는 내면의 힘이 생깁니다.

260

하지만 부모가 자기 불안 때문에 그 모습을 도저히 그대로 볼수 없어 하는 실수를 저지르게 되면 어떨까요. 자녀를 자신의 통제 범위 안에 두고, 그로써 자신의 불안감을 낮추려고 하면서 말이죠. 자녀들은 독립성을 추구하는 인간의 자연스러운 발달 과정을 밟게 됩니다. 그때 점차 자기주장을 내세우게 될 것이며 결국 부모는 더욱 불안해지겠지요. 사연 속 어머니처럼 말입니다.

사연 속 어머니는 틀어진 부부관계에서 오는 불안감을 큰아들에 대한 과도한 애정과 통제로 해결하려고 했습니다. 그 결과 아들은 이른바 '삼각관계의 희생자'가 됐지요. 극단적 시도를 한 자녀가 우울감을 호소했을 때 병원을 가지 못하게 하는 것도 어머니의 무의식적 불안이 작용했을 거예요. 남편과 사이가 좋지 않은 상황에서 치료를 통해 큰아들마저 정서적으로 독립해 버리면 본인이 너무나 불안해질 테니까요. 그건 아들을 의지한다기보다, 자신의 불안을 오히려 아들에게 전가하고 짐 지우고 있는 것입니다. 본인의 불안을 낮추기 위해선 믿을 만한 존재가 늘 곁에 있어야 하니까요.

동생인 작은아들에게 그렇게 하지 않는 것은, 큰아들과 달리 동생이 자신의 불안을 계속 건드리기 때문이죠. 동생은 어머니의 뜻을 따라주지 않고 통제가 되지 않아 늘 어머니를 불안하게 합니다. 동생과의 감정적 충돌을 회피하기 위해 자신의 에너지를 모성애라는 이름으로 큰아들에게 죄다 쏟아붓는 형국인 거예요.

통제는 자기 불안의 또 다른 모습

겉보기에는 장남에게만 모든 애정을 쏟는 것처럼 보이겠지만, 문제는 그 사랑을 받는 사람이 너무나 괴롭다는 겁니다. 부모의 기대를 저버릴까봐 불안하고, 기대에 부응하지 못했을 땐 자괴감이 들어 우울해질 테니까요. 그러면서 어머니의 뜻을 거스르는 것이 더 어려워지고 죄책감까지 따라옵니다. 사랑을 받는 사람이 이런 정서적 고통을 경험하면 그게 과연 사랑일까요?

이런 특성을 보이는 어머니에게 있어 '통제'는 곧 자기 불안의 또 다른 모습입니다. 이런 어머니의 지시를 거스르지 않는 삶은 일시적으로는 어머니를 위하는 것처럼 보일지 몰라도, 결국에 가서는 어머니께도 좋지 않은 선택이 됩니다. 자식의 마음속에 차곡차곡 쌓여온 심리적 갈등이 결국에는 터져 나오기 마련이니까요. 자식은 부모로부터 심리적인 거리를 둔 채 오롯이 자신만 생각하며 현 상태를 제대로 볼 줄 알아야 합니다.

지금 당장 부모의 문제를 바꿀 순 없어도 자신을 바꾸는 건 가능합니다. 이제 갓 성인이 된 사연자로서는 어쩌면 지금이 일생일대의 기회예요. 어머니에 대한 과도한 부채의식을 내려놓고, 자신이 진정 원하는 삶에 대해 생각해봤으면 합니다. 자신이 원하는 삶이 뚜렷해야 내 부모와 의견이 맞지 않을 때에도 흔들리지 않을 수 있어요. 부모의 의견은 어디까지나 참고사항일 뿐입니다.

이러한 시도는 결코 쉽지 않습니다. 짐스러운 느낌을 받으면서도 그래도 부모에게 순응하는 것에 익숙해졌기 때문에 그렇지 않은 선택은 불안을 자극할 것입니다. 어머니는 독립을 추구하는 자녀를 결코 응원하지 않고 비난할 게 뻔하지만, 그래도 꾸준히 자신의 마음에 집중해야 합니다. 물론 부모의 말을 거스름으로 해서 좋지 않은 결과를 맞는 경우도 있고, 나중에 후회할 일이 생길 수도 있습니다.

하지만 삶에서 완전한 만족이란 있을 수 없어요.
독립적인 한 사람으로 삶을 꾸려나가기 위해서는
때로 시행착오와 좌절을 겪으며
내면의 힘을 축적해가야 합니다.

조금 늦을지 모르지만 재능이나 잠재성이라는 것은 결국 그런 과정을 거쳐 빛을 발하게 되니까요.

지금부터라도 자기 자신에게 초점을 맞추세요. 실제로 이런 고통을 경험한 사람이라면 스스로도 내심 느끼고 있듯, 그 과정에서 전문가와의 상담이 큰 도움이 될 거예요. 상담 자체가 신뢰할 만한 관계를 형성하며 독립을 추구하는 과정이거든요. 여의치 않다면 가족 바깥으로 눈을 돌려, 나를 존중해주는 믿을 만한 친구를 만나 자신을 표현해보는 것도 좋겠습니다. 성인이 된 당신이 인생에서 내면의 잠재성을 마음껏 펼치다 보면 그로부터 진정한 삶의 만족감을 느낄 수 있을 테니까요.

부모에 대한 양가감정

—

사랑하는 사람을 만나고 성숙해가는 인생의 중요한 시기에, 부모에게 인정받지 못하는 연애는 큰 갈등과 고통을 안깁니다. 언제든 내 편이어야 할 부모님인데, 내가 좋아하는 사람을 반대하고 내 결정을 지지하지 않는다면 얼마나 고통스러울까요.

연인과의 만남을 반대하는 부모 때문에 그 사이에서 이러지도 저러지도 못하고 마음만 애타는 한 여성이 있습니다. 3년째 만나온 남자친구와의 교제를 그녀의 어머니는 극구 반대하였습니다. 남자친구와 다툴 때마다 속상한 마음에 어머니에게 털어놓긴 했지만 교제가 지속될수록 엄마의 반대는 점차 확고해져 갔습니다. 한번은 크게 싸우고 헤어지자 말했지만 연인의 빈자리가 너무 크게 느껴졌던지 다시 만남을 시작했다고 합니다.

딸이 다시 그 남자친구와 만나고 있다는 이야기를 들은 어머니는 이런 말로 협박하셨답니다. "차라리 내가 죽을게." 밤새 딸과 싸운 어머니는 급기야 집을 나간 뒤 연락마저 두절됩니다. 경찰의 도움과 위치추적으로 겨우 만나게 된 어머니 앞에서 딸은 당장 헤어지지는 못하더라도 절대 남자친구와 결혼하지는 않겠다고 약속할 수밖에 없었습니다.

여전히 남자친구와 헤어지지 못하고 만나던 중, 남자친구의 SNS에서 아는 여자 지인들과 소통하고 있는 걸 보게 되었습니다. 문득 그가 다른 여자를 만나면 어쩌나 하는 불안감이 들었고, 이후 여자 지인과 약속을 정한 사실만으로도 화를 내며 싸웠습니다. 문제는 이런 일련의 과정을 어머니도 알게 되었다는 것이지요. 다시 결별을 종용하기 시작하는 어머니 입에서 또 "당장 헤어지지 않으면 죽어버리겠다"는 협박이 나왔습니다.

"엄마와 관계가 원래 나빴던 건 아니에요. 어린 시절 아버지의 외도로 저는 엄마와 떨어져 할머니 댁에서 컸어요. 아버지는 성격이 우유부단하고 잦은 외도로 엄마를 힘들게 하는 분이었지만 나쁜 아버지는 아니었어요. 부모님은 별거하게 되었고, 엄마는 집을 나와 혼자 살면서 제 학비를 지원해주는 등 정신적으로도 늘 돌봐주셨어요. 그러다가

고등학교 졸업 후 부모님이 정식으로 이혼하게 되면서 그때부터 저는 엄마와 함께 살게 됐어요. 저희 모녀는 친구처럼 이런저런 이야기를 공유해왔어요."

최근 남자친구를 만나러 가는 딸에게 어머니는 "이걸로 나를 죽이고 만나라!" 하고 식칼을 들이밀기까지 했다는 충격적인 말도 들었습니다. 그때 실랑이 과정에서 칼에 손을 찔린 딸은 급기야 화를 참지 못하고 "내 인생을 왜 엄마가 좌지우지하려고 해?" 하면서 소리를 질렀습니다. 돌아오는 건 폭력이었습니다. 살면서 엄마에게 이토록 심하게 맞은 것은 처음이라 너무나 큰 충격을 받은 상태입니다.

이런 안타까운 상황에서 이 여성은 두 가지 지점에서 힘들어했어요. 가장 큰 고통은 남자친구와의 교제를 반대하며 정신적으로 고통을 주는 엄마 때문이고, 또 하나는 남자친구와 잘 지내고 싶은데 그런 진심과 달리 더 집착하고 연인을 의심하는 자신을 견디기가 힘든 점이었습니다. 정신은 물론이고 건강까지 나빠졌다고 토로하는 그녀는, 성인이 됐어도 여전히 미성숙한 자신을 탓하며 도움을 청해왔지요.

자녀가 떠날 거라는 두려움

　가장 소중한 사람이 자신을 지지해주지 않고 현재 사랑하는 연인을 비난한다면 어떤 심정일까요? 아마도 자신을 공격하는 것처럼 느껴지지 않을까요. 당사자의 마음 깊은 곳에서는 엄마가 남자친구가 아닌 '나'를 인정하지 않고 함부로 대하는 것처럼 느꼈을 것 같습니다. 마음의 원망이 이루 말할 수 없이 쌓이겠죠.

　사연 속 어머니 같은 분은 충동적인 성향이 강한 사람입니다. 자신의 감정을 자녀보다 우선에 두고 충동적이고 공격적으로 행동하는 것이지요. 성인이 된 딸이 원하는 것은 사랑하는 남자친구와 함께하고 싶은 것일 텐데, 이런 어머니는 딸을 독점하고 싶어 합니다. 자녀에게 이성친구가 생기기 전까지는 그런 독점이 가능했을지 모르지만 이후부터는 이러한 독점적인 관계는 불가능해집니다.

　겉으로는 자식을 사랑하니까, 자식을 위하니까 교제를 반대한다고 말하겠지만, 이는 부모의 위치에서 자식에게 보여야 하는 사랑과는 거리가 멀어 보입니다. 딸이 머지않아 자신을 떠날 것이라는 두려움과 불안감을 어쩌지 못하고, 이를 딸의 애인에게 강하게 투사하는 것이지요. 아마도 이 어머니가 무의식적으로 진짜 거부하는 것은 남자친구가 아니라 딸의 독립일 거예요. 그런 관계에 대해 자녀도 어쩌면 일부 길들여져 있는 건 아닐지 돌아봐야 할 시점이 된 것 같습니다.

　부모와 성인이 된 자녀의 관계가 건강하게 만들어지려면 각자가 자기 자리에서 바로 설 수 있어야 합니다. 사연으로 잠작해보건대 이 부모님들은 이런 역할에 충실하지 않았어요. 잦은 외도로 가정을 돌보지 않았던 아버지와, 따로 떨어져 살아 정서적인 교류가 없었던 어머니 밑에서 자라면서 다소 방치된 어린 시절을 보낸 것으로 보이니까요. 하지만 고민을 털어놓는 당사자는 과거에 대해 온통 좋은 기억만 이야기합니다. 사람은 힘든 기억을 무의식 안에 감추는 특성이 있답니다. 그래야 상처를 덜 받기 때문이죠.

　이 어머니는 성인이 된 자식을 여전히 통제하려 합니다. 자신의 불안을 스스로 감당하지 못하고 마음이 불편해지기 때문에 통제할 수 있는 범위 안에 자식을 끌고 들어가는 식으로 불안을 낮추는 것이지요. 때로는 협박을 하면서까지 초지일관 통제를 하려고 하는데, 이런 통제가 비록 힘들어도 또 다른 관심과 애정으로 받아들일 정도로 부모에게 의존적이 되어버린 경우도 많습니다.

　이런 부모의 슬하에서 자녀는 자신이 하고 싶은 일과 부모가 원하는 요구 사이에서 고민하고 제대로 날개를 펴지 못합니다. 대인관계에서도 자기도 모르게 상대를 통제하면서 역시 이를 자신의 애정으로 착각하게 됩니다. 사연 속 따님도 자기 남자친구를 대할 때 이런 모습을 보이는 듯합니다. 중요한 건 현재 본인의 상태를 먼저 걱정해야 한다는 점입니다. 어머니의 일방적인 통제에 익숙해진 결과로 자녀의 마음은 온통 죄책감으로 가득할 것이기 때문입니다. 자신의 생각이나 주장을 제대로 표현하지 못하고, 그걸 넘어 스스로 부모님에 대한 감정을 억누르고 사랑을 계속 되뇌려고 하니까요. 그 이면엔 분노와 서운함, 적개심이 있을 겁니다.

그러나 이렇게 말해주고 싶습니다. 모든 사람은 부모에 대한 양가감정이 있다고. 그러니 부모에게 부정적인 감정을 충분히 느껴도 된다고 말이죠. 그래야 비로소 그 감정으로부터 벗어날 수 있게 됩니다.

통제를 애정으로 착각하는 경우

제가 드리고 싶은 말씀은, 이런 상황에서 자녀는 주체적인 인생을 살기 위해 엄마와 남자친구 중 어느 쪽을 선택할 필요가 없다는 거예요. 사람은 누구나 의존과 독립 사이에서 고민하다 타협점을 찾습니다. 또한 전적으로 의존할 한쪽을 선택할 필요가 없습니다. 지나치게 독립을 추구해 타인과의 경계를 세울 필요도 없지만, 지나치게 의존을 추구해 타인과 연결된 채 나만의 주체적인 영역이 없어도 안 됩니다.

독립성이 없는 상태 즉, 내 마음이 어떤지에 집중할 수 있는 '자기감'이 없는 상태에서 한쪽을 선택하는 것에만 급급하면 어떤 일이 일어날까요? 오직 엄마를 선택하면 엄마와 연결된 느낌은 순간적인 안정감을 줄 수 있겠죠. 하지만 나의 주관을 존중하지 않은 엄마에 대한 서운함과 분노가 은연중에 올라올 수 있고, 결국 행동에 티가 나는 순간이 생기며 그때에는 결국 엄마와의 관계에서의 균열이 생겨 불안정함을 경험하게 될 겁니다.

오직 남자친구를 선택하면 어떤 일이 벌어질까요? 남자친구와 순간의 연결된 느낌은 안정감을 주지만, 은연 중에 엄마에 대한 죄책감과 불안이 올라올 수 있고, 결국 이제 유일하게 남은 의존관계인 남자친구에 대한 집착으로 이어지게 될 테죠.

엄마나 남자친구에게 의존해왔던 그간의 모습에서 벗어나 이제 독립에 신경을 써야 하는 시기가 왔습니다. 진정한 독립을 위해선 내 마음을 잘 알아차려야 하고 그 감정이 어떤 감정이든지 인정하고 받아들이는 게 우선입니다. 불안정하고 의존적인 성향의 부모와, 그 관계에 익숙해진 자녀가 상호 간에 독립하려면 어찌 됐든 자녀가 먼저 진정한 독립을 이뤄내는 수밖에 없습니다. 진정한 독립이란 뭘까요? 몰두하는 대상이 바뀌는 겁니다. 쉽게 말해 엄마의 감정, 행동보다 자기 자신의 감정과 생각에 몰두하는 것이죠. 그리고 어떤 결정이든 내 감정과 의지로 결정을 하는 겁니다.

엄마의 간섭에 대해서는 "내가 성인이니 내가 선택하고 배워갈게요. 연인과의 문제에 대해서도 모든 결정은 남자친구와 의논한 뒤에 내 스스로 결정할 거예요"라고 단호하게 이야기해야 합니다. 일종의 '선 긋기'인데, 엄마와의 관계에서 거리를 두는 것을 말합니다. 내 부모와 앞으로도 관계를 유지하며 지내기 위해서는, 지금은 어렵더라도 확실히 선을 그어야 합니다. 물론 엄마는 더 충동적으로 행동할 수 있을 텐데 이를 견디는 것도 자녀의 몫입니다.

집착하지 않으려는 연습

교제하는 사람에게도 마찬가지입니다. 남자친구의 감정, 행동보다 오롯이 자기 자신의 감정과 생각에 몰두하는 것이죠. 자기감이 온전하지 않은 상태에서 미워하지도, 사랑하지도, 그렇다고 떠나지도 못하는 사람이 엄마 말고도 한 명이 더 생기게 되는 상황이 몹시 두려울 겁니다. 그래서 자신도 모르게 남자친구를 통제하게 될 테고요.

그러나 지금 느끼는 불안감은 매우 자연스러운 감정이라 말해주고 싶어요. 있는 그대로 받아들여 주세요. 이런 성향의 자기 자신을, 그리고 정제되지 않은 이 감정을 상대방에게 있는 그대로 이야기하면서 인정받는 경험은 좋은 자극이 될 거예요. 또한 그래야 통제 행동도 줄어들게 됩니다.

연인에게 의존하고 집착하는 문제가 반복된다면 내 마음에 집중하면서 역기능적인 행동을 하지 않고 버티는 연습을 해보세요. 이 연습은 연인과 거리를 둘 때 느껴지는 빈자리를 온전히 내 스스로 감당하는 훈련입니다. 혼자 있을 때 지지받는 관계가 없어진 느낌에 불안이 커져서 다시 관계에 집착하게 되는 악순환을 끊어내기 위한 방법입니다.

예를 들어, 남자친구가 다른 모임에 갈 때 불안감이 엄습해와도 미리 꼬치꼬치 캐묻지 말고, 사후에도 어디에서 뭘 했는지 물어보거나 지인들 SNS를 찾아다니며 그 흔적을 발견하려 애쓰지 않아야 합니다. 그 순간의 불안을 해결하기 위한 행동이지만, 결국에는 '언 발에 오줌 누기' 격으로 그런 행동을 하지 않으면 본인의 불안은 점점 더 커지게 됩니다. 쉽지 않겠지만 스스로 '거리 두기'에 대한 기준을 세워보고, 이에 도달하기 위해 노력해보세요. 분명 그 과정에서 자신감이 쌓일 겁니다. 그래야 연인관계도 더욱 안정적으로 지속될 수 있습니다.

멀어져야 마땅한 가족도 있다

—

오랜 시간 동안 불안하고 외로운 시간을 보낸 소녀는 어린 시절부터 힘겨운 환경을 벗어나지 못하며 살았기에, 자신이 얼마나 불안한지 얼마나 외로운지, 그런 감정을 선명하게 느낄 겨를조차 없었습니다. 그때의 그 소녀는 이제 어른이 되어 여전히 자신을 괴롭히는 그 감정에서 벗어나고 싶다고 말합니다. 지나온 과정을 되돌아보면 그 소녀가 직접 선택해서 겪은 일은 하나도 없다는 것이 더 안타까웠지요. "저는 이십대 중반의 성인이지만 같이 살고 있는 엄마에게 휘둘리며 살고 있습니다. 엄마는 아빠와 이혼하고 애인을 만났어요. 아직 취업을 하지 못한 저는 엄마와 제가 '아저씨'라 부르는 엄마의 애인과 살면서 경제적인 지원을 받고 있습니다. 용돈을 빌미로 두 사람은 저의 모든 것을 간섭하고 자신들에게 필요한 것들을 요구합니다. 화가 나지만 어느 순간 두 사람의 명령과 말도 안 되는 요구를 따르고 있는 저 자신에게 자괴감이 듭니다. 당장 독립할 수 없는 상태에서 그들에게 의지해 살아야 하는 게 너무나 괴롭고 힘들어요."

가난과 폭력적인 부부싸움 속에 자라온 소녀는 자신이 감당해야 하는 고통 속에서도 열심히 공부하는 모범생이었습니다. 틈만 나면 딸을 앉혀놓고 자신의 처지를 한탄하던 어머니는 딸이 위로의 말을 해주지 않자 "네 아빠의 더러운 피를 물려받아 냉정하기 짝이없네"라며 비난을 퍼부었습니다.

언젠가는 집에 온 손님에게 소녀가 작은 소리로 인사했다는 이유로, 어머니는 딸을 잡아 끌고 길가에 세워두었답니다. 그리곤 지나가는 자동차를 향해 90도로 절하며 "어서 오십시오" "안녕히 가십시오"를 외치도록 강요한 적도 있었습니다. 행인들이 다 보는 앞에서 엄마의 혹독한 체벌을 받으며 그날 느낀 수치심과 모욕감은 평생 잊지 못할 장면이 되었습니다.

"지금도 엄마는 취업을 못했다는 이유로 다른 집 자식들과 비교하며 모욕감을 줍니다. 하지만 저 없으면 어머니는 아무것도 못 하실 분입니다. 홈쇼핑 주문, 인터넷 검색, 계좌

이체 등 잡다한 일들을 모두 저에게 시킵니다."

아버지와의 이혼 후 새로 애인이 생긴 엄마는 자식에게도 차려준 적 없는 화려한 밥상을 차리고, 그들의 연애 과정을 지켜보게 하는 등 자식을 전혀 배려하지 않았지요. 자신들의 연애에 갈등이 생길 때 딸을 중재자로 이용하며, 혹여 거절 의사를 보이면 "아저씨에게 받는 용돈을 생각해"라고 협박했습니다. 아저씨에게 받는 30만 원의 용돈을 받으며 취업 준비 중인 그녀에게 거절이라는 선택지는 없었던 것이지요. 간혹 그녀에게 성희롱적인 발언도 내뱉는 아저씨였지만 엄마는 관심도 두지 않았습니다.

"엄마와 아저씨 사이에 끼여 살면서 반복적으로 불안과 갈등을 경험하고 있습니다. 처음엔 마냥 싫고 화가 났지만 점점 학대당하고 있다는 느낌까지 들었고, 이제는 벗어나고 싶습니다. 집을 나가자니 취업 준비 중이라 경제적으로 독립하는 것도 막막합니다. 이대로 계속 살면 엄마도 아저씨도 저를 가만 두지 않을 것 같아 두렵고요."

왜 고통스러우면서도 떠나지 못할까?

사연을 보며, 자기개념이 부정적으로 형성되고 오랫동안 무력감을 느껴왔던 주인공의 지난 날이 보이는 듯합니다. 우리는 모두 그 자체로 소중한 사람입니다. 하지만 성장 과정에서 그런 사실을 충분히 경험하지도 배우지도 못한 채, 오직 부모의 반복된 갈등 상황만 목격하고 산다면 늘 불안에 떨 수밖에 없지요. 가정폭력에 지속적으로 아동을 노출시키는 것은 아동학대에 해당합니다. 무책임한 아버지가 폭력을 저질렀다면, 어머니는 이를 정서적으로 방치한 셈이죠. 성숙한 부모와 어른이 없는 상태에서 자란 것입니다.

어머니는 불안이 높고 충동적이며 의존적인 사람인 것 같아요. 힘이 있다고 생각하는 사람에게 무조건 맞춰주고 자세를 낮추죠. 사연에서는 주인공이 두려움 속에 괴로워하지만, 문제는 어머니의 그러한 행동이 곧 어머니의 두려움이자 기준이라는 겁니다. 어머니는 애인을 살피면서도 딸의 마음은 신경 쓰지 않아요. 오히려 딸을 이용해 애인과의 갈등을 해결하려 합니다.

그럼에도 불구하고 자식은 그 상황을 참고 감내해가면서도 어머니를 떠나지 못합니다. 그렇게 고통스러우면서도 왜 어머니는 나 없이 아무것도 못하실 분이라며 어머니 곁을 떠나지 못하고 오히려 어머니의 잡다한 일을 도맡아 해줄 정도로 지나치게 신경 쓰고 있을까요?

아이는 생존하기 위해 부모에게 의지하고 애착 행동을 합니다. 부모가 거절하면 아이는 절망하고 부모에게 다가가지 않습니다. 겉으론 오히려 더 독립적인 사람처럼 보이죠. 하지만 내면의 결핍은 그대로일 테고, 무의식 중에 그것을 채우려고 하기 때문에 성인이 되어서도 심리적 거리를 두지 못합니다. 그러면서도 어머니는 나 없이 살 수 없다고 합리화하는 식으로 어머니에 대한 복잡한 감정과 심리적 갈등을 외면하고 있는 듯합니다. 어머니의 뒤치다꺼리를 하면서 무의식적으로는 스스로 위안을 삼기도 했을 거예요.

사연에 등장하는 어머니 입장에서 보자면, 딸은 자신이 막 대해도 떠나지 않는 만만한 대상이자, 자신의 주변 사람 중 가장 약자입니다. 어머니는 그런 딸을 위한다는 명분으로 힘을 휘두르고 착취하면서 자신의 결핍을 채우려는 것 같아요. 나르시시스트 성향을 보이는 어머니의 애인도 마찬가지입니다. 냉정하게 들릴지 모르지만 사연자는 당연히 어머니, 그리고 어머니의 애인으로부터 멀어져야 합니다.

어머니와 관계를 단절하고 원수처럼 지내라는 얘기가 아니에요. 성인이 되고 난 지금도 마음이 충분히 단단하지 못한 상태이기 때문에 지금부터 힘을 키워야 한다는 의미입니다. 자기 내면에서 무엇이 독립을 가로막고 있는지 고민해보고 깨달아야 합니다. 그렇지 않으면 어머니와 어머니의 애인이 아니더라도 다른 사람과의 관계에서 같은 문제가 반복될 수밖에 없습니다.

'복종'이라는 방어기제

사연의 주인공은 권위자에게 순응함으로써 심리적 갈등을 피하고 자신을 보호하는 복종이라는 방어기제가 익숙해진 것 같습니다. 그래서 머리로는 어머니의 요구를 거절하고 싶어도 반사적으로 순응하게 되었을 가능성이 큽니다. 또한 막상 어머니와 거리를 두려고 하면 내 편이 더 이상 없을 것이라는 느낌 때문에 두려울 거예요. 이미 어머니는 내 편이 아닌 것 같은데도요. 예상컨대 아마 어머니나 아저씨 두 사람도 집을 나가겠다고 하는 사연자를 쉽게 놔주려하지 않고 비난을 퍼부을 겁니다. 그것은 결코 자녀의 선택이 잘못되었기 때문이 아닙니다.

앞으로 인생에서 오롯이 내 자신에게 충실한 모습으로 행복하게 살기 위해 선택하는 삶의 방식을 비난할 사람은 없습니다. 물론, 막상 집을 나오게 되면 앞으로 어떻게 살지 막막할 수 있습니다. 성인임에도 불구하고 거절의 선택지가 없다고 생각할 정도로 의존적인 경향이 엿보이거든요. 하지만 이는 본인의 잘못이 아니라, 그렇게 길들여졌기 때문입니다.

심리적으로 독립하기 위해서는 우선 자아가 견고해야 합니다. 저의 조언은 우선 자기의 마음에 집중하라는 겁니다. 소소한 상황에서부터 솔직한 자신의 상태, 감정, 생각에 집중하는 것이 견고한 자아를 형성하는 시작입니다. 아쉽게도 이 사연의 주인공은 인생을 살면서 자연스럽게 경험하는 감정을 충분히 느끼고 공감 받은 적이 별로 없었을 것 같아요.

곰곰이 생각해보면 분명 누구나 자신만의 호불호가 있고, 옳고 그름을 판단하는 기준이 있을 겁니다. 그 어느 누구도 나 대신 느낄 수도, 판단할 수도 없습니다. 주체적인 인생 경험을 쌓아가기 위해서는 두렵더라도 자기감정과 생각을 100퍼센트 믿어야 해요. 그런 경험이 별로 없어서 익숙하지 않다면 매일 감정일기를 쓰며 내 마음에 집중해보는 연습을 해볼 것을 추천 드립니다. 어떤 이야기를 쓰게 되더라도 그런 자신을 판단하지 마세요. 당신 입장에서는 그럴 만한 이유가 있는 것입니다.

어머니에게 지나치게 책임감과 미안함을 느끼지 말라고 말하고 싶습니다. 그것은 진짜 감정이라기보다는, 오랫동안 나의 자율성을 침해하는 세력에 반발하고 싶은 심리적 갈등을 '복종'이라는 방식으로 해결하는 미숙한 방어기제에 익숙해졌기 때문입니다. 어머니에게서 심리적 거리를 두고, 의견에 반하는 행동을 하는 것에 조금이라도 죄책감을 갖지 않았으면 합니다.

거절이나 거리두기 등 심리적 독립을 위해 여러 시도를 하다

보면 초반에는 외로움, 두려움, 죄책감 등 복잡한 감정이 몰려올 겁니다. 하지만 그 감정을 순간적으로 해결하기 위해 다시 의존하는 삶으로 돌아가서는 안 됩니다. 힘들어도 버티다 보면 점차 본인의 마음과 가까워져 있음을 깨닫게 될 겁니다.

가족 문제를 해결하려고 애쓰지 말 것

—

🌱

수억대의 빚을 진 A씨의 아버지는 결혼한 맏딸에게 수시로 문자를 보냅니다. 자신이 곧 죽을 것이라는 협박의 내용으로요. 젊은 시절부터 주식으로 월급과 퇴직금 등 재산을 탕진한 아버지는 나이가 지긋한 현재까지도 어마어마한 빚으로 본인과 가족의 삶을 좀먹고 있습니다. 폭력적인 모습으로 가족에게 술주정을 해왔던 것도 결국 투자가 실패로 돌아간 것에 대한 화풀이였던 것임을 모든 가족들이 알고 있습니다.

이 묻지마 투자를 처음 하도록 꼬드긴 것이 고모라는 사실도 화가 났지만, 자신이 로또에 당첨되면 할머니와 고모들에게 나눠주겠다고 말하는 아버지를 보며 더 이상 아내와 자식에 대해 아무런 관심도 없는 아버지에 대해 분노가 치솟았습니다.

A씨는 삼남매 육아 때문에 직장을 그만두고 시집살이로 고생한 어머니에게 미안함과 죄책감을 느꼈습니다. 어릴 적에도 아버지와 어머니는 제사 문제, 며느리의 역할 등의 주제로 자주 다투었고 A씨는 어머니의 하소연을 들으며 아버지에 대해 괘씸한 마음이 들었습니다. 부모님 문제를 들으며 어머니에게 아버지와 이렇게 소통해보라고 조언하는 등 중재 역할을 하기도 했죠.

미혼이었다면 자신이 모은 돈으로 아버지의 채무를 일부 변제할 생각도 했겠지만 결혼 후에는 자기 혼자의 돈이 아니라고 생각해 남편에게 말조차 꺼내지 못했습니다. 그러면서도 아버지의 채무 중 일부가 동생들의 대학 등록금이라는 점이 여전히 마음에 걸리기도 했습니다. 어렸을 때는 아버지를 마냥 무서워했고, 아버지의 기분에 따라 늘 눈치를 살폈다고 합니다. 대학에 진학하며 부모님과 떨어져 살게 됐고 마음은 편했지만 한구석엔 그 환경에 그대로 노출돼 있는 동생들이 늘 안타까웠다고 해요.

그런 아버지가 요즘엔 자신의 자살을 암시하는 문자를 보내며 여러 사람을 힘들게 합니다. 잊을 만하면 '죽으려고 마음의 준비를 하고 있다' '그동안 고마웠다, 행복해라' '내가 죽으면 친가 쪽 사촌 ○○에게 상주를 맡겨라' 등의 문자를 보내 딸을 괴롭힙니다. 얼마 전에는 아버지로부터 '네 시부모님에게 이 상황을 모두 알리겠다'는 문자를 받고 격노하다 못해 소리내어 울었다고 하네요. 결국 현재 임신 중인 이 딸은 아버지의 연락을 차단하고 말았습니다.

"요즘엔 내 삶의 일부인 가족이 모두 무너지고 애초부터 없었던 것 같은 허탈한 느낌이 밀려듭니다. 마음 한구석에선, 아버지가 돌아가셔야 끝날 일이라면 차라리 그렇게 돼서 해방되고 싶다는 생각마저 들어요. 어릴 때 부부 싸움과 폭력, 여러 차례 이혼 위기 등으로 가족들을 힘들게 한 아버지, 울타리가 되어주진 못할망정 지금까지도 자식들의 마음을 두려움에 떨게 하는 아버지가 너무 싫습니다."

원가족과 분리되지 못하는 병

가족의 문제는 아무리 결혼을 하여 출가한 몸이라 하더라도 직접 나서서 해결해줄 수도 없고, 그렇다고 외면할 수만도 없는 어려운 갈등입니다. 세상에서 가장 크고 든든한 사랑으로 느껴져야 할 아버지의 존재가 인생의 난제라고 여겨질 정도라면 참으로 불행한 일이지요.

사연 속의 아버지를 한번 들여다봅시다. 아마 이 아버지는 자신을 낳아준 부모 형제와의 심리적 융합이 과도한 사람일 겁니다. 인간은 본디 성인이 되며 원가족으로부터 본인의 사고와 감정을 분리하고 주도적인 삶을 사는 '자아 분화' 과정을 거치게 됩니다. 이 아버지는 자아 분화 수준이 지극히 낮은 사람으로 보이네요. 원가족의 상태에 따라 감정적으로 쉽게 지배받고, 불안이 자극될 경우 생각과 감정이 균형을 잃어 충동적이고 극단적인 언행을 보이죠.

아내와 자녀들의 입장에서 그런 아버지를 보며 소외감을 느낄 수밖에 없었을 것이고, 상처로 남았을 거예요. 주식투자 실패와 빚으로 인한 경제적 어려움이 기폭제가 되긴 했지만 근본적인 원인은 아버지의 자아 미분화와 투사에서 찾을 수 있습니다. 자아 분화 수준이 낮은 부모는 미분화에서 오는 불안을 특정 자녀에게 투사하고, 그렇게 길들여진 자녀 역시 자아 분화가 어려워 부모와 비정상적인 밀착 관계를 끊지 못합니다.

이런 남편과 결혼해 살고 있는 아내의 고통은 말할 필요도 없겠지요. 특히 사연 속 어머니는 원가족과 밀착된 남편과 부부간의 정서적 교류 없이 남매 셋을 키우면서 시집살이까지 감내해야 했습니다.

이제 고통을 겪은 자식의 입장이 되어보지요. 맏딸인 사연자가 아버지에 대해 섭섭함을 넘어선 분노를 느꼈다면, 반대로 어머니에 대해서는 미안함과 고마움을 느끼는 것도 있겠지만, 한 편 부담스러운 감정 또한 있었을 겁니다. 부모님의 싸움 후 중재 역할을 하거나 어머니의 하소연을 듣고 위로하는 식으로, 부부 갈등을 우회하는 수단으로서의 삼각관계에 이 딸이 자주 휘말리게 된 이유지요.

양쪽 부모로부터 상처와 부담을 떠안으면서도 그렇게 자식인 당신의 존재를 확인받고 싶어 했던 것 같아요. 미분화된 자녀는 성인이 되어도 자신이 가치 있는 사람인지를 부모로부터 끊임없이 확인받고 싶어 합니다. 부모님이 어떻게 대하더라도 도리를 다하고 싶어 하고, 결혼을 해서도 부모님의 빚에 노심초사하며, 동생들에게 부모 수준의 책임을 느끼는 것도 그런 맥락입니다.

자신의 마음에 귀 기울이기

그러나 말해주고 싶습니다. 당신은 부모에게 확인받지 않아도 존재 자체로 소중한 사람입니다. 가족의 문제에 과도하게 몰입하다 보면 번번이 지금과 같은 상처가 반복될 수 있어요. 아버지를 미워하는 마음, 어머니의 하소연을 받아주고 싶지 않은 마음이 있을 거예요. 우선 그 마음을 인정하는 게 필요합니다.

아버지로부터 협박을 받는다면 그때의 본인 마음에 우선 귀 기울여 보세요. '아버지가 충동적이고 극단적으로 행동할 때마다 너무 무서우면서도 원망스럽고 화가 나. 이젠 내 가족이 있고 내가 지켜줘야 할 아이가 곧 태어날 텐데, 원가족의 상황이 너무 부담스러워'라는 식으로요. 본인 마음이 또렷하게 이해가 되기 시작하면, 아버지에게 그 마음을 분명하게 표현해도 됩니다.

어머니의 하소연에 대해서도 지나치게 동조하거나 본인이 나서서 해결하려 하지 말고, 어머니가 아버지와 직접 대화하고 해결하도록 제안하세요. 드라마틱한 해결이 되진 않더라도, 그런 시도를 반복해야 본인의 마음을 지킬 수 있고 원가족과 심리적으로 분리된 주체적인 성인이 될 수 있습니다.

혼자서 가족의 문제를 해결하려
너무 애쓰지 않아도 됩니다.

아버지의 빚을 갚아주지 못한다고 해서, 어머니의 고통을 덜어주지 못했다고 해서 미안하거나 죄책감을 가질 필요가 없다는 얘기예요. 무엇보다 아버지와 어머니, 동생들의 인생은 내가 지나치게 희생하면서 감당할 몫이 아닙니다.

그보다는 온전히 내 자신만의 삶을 살아갔으면 좋겠어요. 자아 분화 수준이 높은 성인이라면, 원가족과 친밀한 관계는 유지한 채 자기 감정을 존중하며 이성적으로 대처할 수 있습니다.

자기의 개별성과 감정을 지키는 수준에서 가족들을 도울 수 있는 합리적인 방법이 무엇인지는 이미 스스로가 잘 알고 있을 거예요. 새로 가정을 이룬 배우자처럼 믿을 만한 사람이 있다면 지금의 감정을 표현하고 고민을 진지하게 상의해보는 것도 좋겠고요.

어려운 상황에서도 인간적 도리를 다하고 싶고, 한편으론 부모와 가족으로부터 독립하고자 하는 의지까지, 아마도 두 가지 심정이 공존하고 있는 경우가 많을 거예요. 성인이 되어 결혼까지 했다면 진정한 독립을 의미하는 새로운 가족을 이룬 겁니다. 부모 자식으로 지내는 동안에는 내가 결정할 수 있는 게 없었지만, 이제부터는 스스로 결정하고 책임지는 인생이 시작된 것이지요. 다른 누구보다도 내 자신과 가까워지고, 진정으로 내가 무엇을 원하는지 귀 기울여 들을 줄 알아야 합니다.

나는 내 부모와 다르다

—

부모가 아이를 키우는 것은 안전하고 건강하게 자라도록 돌본다는 의미도 있지만 본질적으로 성인이 됐을 때 독립적인 존재로 설 수 있도록 돕는 일입니다. 자신이 원하는 삶을 스스로 만들어가기 위해서는 정신적인 독립이 반드시 필요하기 때문이죠. 그런데 독립을 위한 전제조건은 충분한 의존입니다. 어린 시절 가정이라는 울타리에서 부모에게 무조건적인 사랑과 지지를 받으면서 자신의 감정과 생각이 온전히 받아들여지는 경험을 하는 것은 그래서 중요합니다. 반복적으로 부모의 다툼을 목격하고 성장한 자녀들은 극심한 스트레스 속에 살게 됩니다. 다툼 자체는 어쩔 수 없다고 하더라도, 부모 중 한 사람이라도 고통받고 있는 자녀의 마음을 헤아려주고 어루만져 주었다면 상처를 그나마 덜 받을 수 있겠지요. 하지만 많은 부모들이 이 점을 간과한 채 지나치고 맙니다.

"저는 얼마 전 결혼해 가정을 꾸린 새댁입니다. 부부싸움이 끊이지 않았던 집에서 자라 화목함을 경험해본 기억이 없어요. 그래서인지 새로운 내 가정을 어떻게 꾸려가야 할지 너무나 막막합니다. 남편을 어떻게 대해야 할지, 앞으로 아이를 낳아서 잘 키울 수 있을지 덜컥 겁부터 납니다. 부모님을 닮은 아내가 될까봐, 자식에게 상처를 주는 엄마가 될까봐 벌써부터 우울하고 두렵습니다."

신혼이라는 한창 행복해야 할 시기에, 이 여성은 부모로부터 받은 영향으로 자신도 평화로운 가정을 꾸리지 못할 것에 매우 불안해하고 있었습니다. 싸움과 불화가 일상이 된 가정에서 자라면서 어린 그녀는 절대 결혼하지 않겠다고 다짐했지요. 말 없고 가족에게 별 관심이 없던 아버지, 고집 세고 욕심이 많은 유형의 어머니 사이에서 항상 벌어지는 전쟁 같은 일상에 지쳐갔지요.

하지만 그보다 더 힘든 건, 딸인 자신을 감정 쓰레기통으로 대하는 어머니의 모습이었습니다. 명문대생인 오빠에게 학업으로는 못 미쳤던 딸은 부모님의 기대가 덜한 자식이었습니다. 치열하게 노력해 좋은 직장에 들어갔지만 어머니는 딸을 자랑스럽게 생각하기는커녕 고시 장수생인 오빠만을 걱정하며 딸에게 하소연했다고 합니다. 더 이상 참기가 힘들어 어머니에게 화를 냈더니 그길로 화장실로 달려간 어머니는 "딸이 그런 것도 못 들어주냐"며 자살시도까지 하는 경악할 모습을 보여주었지요.

자신의 삶을 저주하고, 아버지와 아들에 대한 비난을 수시로 딸에게 쏟아내는 어머니로 인해 너무나 지쳐갔습니다. 그러면서도 미래의 자신의 삶을 두려워합니다. 소중한 배우자와 장차 예쁜 아가도 낳아야 하는데, 전쟁 같았던 과거를 떨쳐버릴 자신이 없다는 이유 때문입니다.

"독립한 지금도 5분 거리에 있는 친정집에 거의 매일 가고, 자주 통화하고, 어머니의 여전한 하소연에 어린 시절 상처가 떠올라 괴롭습니다. 그토록 증오했던 부모님처럼 남편에게 너무나 쉽게 짜증을 내고, 날 선 말로 비수를 꽂는 제 모습을 보고 소스라치게 놀라요. 배우자에게 나의 폭력적인 모습을 보여줄까봐, 자식을 낳아서 고통만 물려주게 될까봐 너무 무섭습니다."

"똑같은 부모가 될까봐 두려워요"

존재감 없는 아버지, 자녀의 마음을 어루만져주기는커녕 '너라도 나를 이해해줘야지' 하며 공감을 요구만 해온 어머니……이 아버지는 무력하고 회피적인 사람이었고, 이 어머니는 감정적이고 강압적인 양육 태도를 보여왔습니다. 온전히 의지할 사람이라곤 없는 집에서 이 딸은 심적으로 얼마나 힘들고 괴로웠을까요. 매일같이 싸우는 부모님을 보면서, 공부 잘하는 오빠만 싸고도는 어머니를 대하며 외로움, 무력감, 때로는 분노를 느꼈을 겁니다.

부모님에게 충분히 지지받지 못하고 성장하면 어떤 문제가 생길까요? 부모에게 온전히 의존하고 인정받는 경험을 제대로 갖지 못했기에 몸은 성인이 됐지만 나이에 맞게 스스로 헤쳐 나갈 수 있는 내면의 힘을 기를 수가 없습니다. 어머니의 통제적인 행동이 싫고, 그 관계에서 오는 불편한 감정에서 벗어나고 싶지만, 또 한편으로는 어머니에게 인정과 사랑을 받고 싶은 마음이 남아 있는 것이지요.

사연에서의 따님도 어머니로부터의 분리를 생각하고, 아마 시도도 했을 겁니다. 다만 그걸 실행할 수 있는 내면의 힘이 아직 부족했겠지요. 어머니에 대한 연민, 가족을 향한 애틋한 마음, 무엇보다도 인정과 사랑을 뒤늦게라도 받고 싶은 마음이 발목을 잡았을 테죠.

문제는 그런 경험이 어느 정도 나이를 먹은 지금까지도 영향을 끼치고 있다는 점입니다. 좋은 배우자를 만나 새로운 가족을 꾸린, 흔히 말하는 인생에서 가장 행복한 날을 지나고 있지만 마음속은 불안으로 가득하죠. 아직 태어나지도 않은 아이를 생각하면서 좋은 부모가 되지 못할 것이란 두려움에 사로잡혀 있고요. 아마도 어렸을 적 경험했던 부모님의 모습이 순간순간 떠오르기 때문일 거예요. 그 시절의 감정에 지금도 압도되는 것이죠.

남편과의 작은 다툼에도 치열하게 싸웠던 부모님이 떠오르고, 순간 화가 나서 남편에게 감정을 표출할 때도 어머니의 모습이 내게 그대로 이어지는 건 아닐까 싶어 놀라게 되고요. 태어나지도 않은 아이와의 관계를 미리 걱정하는 것도 부모의 사랑을 갈구했던 자신의 어린 시절이 떠올라 미래의 내 아이에게 과도하게 이입되기 때문일 수 있습니다.

그렇지만 나 자신은 나의 부모와 다른 사람입니다. 지금의 배우자 역시 나의 부모가 아닌, 전혀 다른 사람입니다. 사연에서도 남편을 '가정적이고 다정한 사람'이라고 표현한 것처럼 실제로도 남편은 아내와 대화도 많이 하고 감정을 주고받을 수 있는 사람일 겁니다. 이점을 가장 중요한 심리적 자원으로 여겨야 합니다. 아무리 부모의 그림자가 아직도 깊게 드리워져 있다 하더라도, 그렇다고 부모님과 내가 똑같은 사람은 아니니까요.

좋은 부모가 되지 못할까봐 걱정되는 마음도 얼마든지 가질 수 있습니다. 어린 시절에 부모의 충분한 감정적 보살핌을 받지 못한 채 자랐다면, 더욱 과도하게 부모의 영향을 받으며 살게 될 테니까요. 감정이 복잡하고 조절되지 않는 것은 부모와 심리적으로 분리할 때가 왔다고 내 마음이 주는 신호일 수 있습니다. 수면 아래에 있는 부모님에 대한 혼란스러운 양가감정을 명확하게 이해하고 통합할 시점입니다. 자율성을 획득하기 위해 독립하고 싶지만, 한편으로는 인정받고 의존하고 싶은 상반된 마음이죠.

이런 경우, 부모를 만날 때는 경계를 설정해놓고 만나는 게 좋습니다. 상대에게 직접 얘기하지 않아도 됩니다. 부모가 자식을 향해 선을 넘는 상황이 생기면 핑계를 대서라도 슬쩍 피해보세요. 오랫동안 해오던 대로 거절 못 한 채 끌려가지 말고 조금씩 내 감정에 따라 행동하는 연습을 해보세요. 처음엔 부모도 그런 변화를 느끼고 더 다가오려 할 것이기에 결코 쉽지 않을 거예요. 하지만 조금씩 노력이 쌓이다보면 천천히 부모의 그림자를 걷어낼 수 있을 겁니다.

과거의 나를 안아주기

부모의 역할은 결코 쉽지 않습니다. 부담스럽기는 부모가 된 누구에게나 마찬가지입니다. 부모의 가장 큰 어려움 중 하나는 자식을 자신의 어린 시절과 동일시하게 된다는 점이거든요. 하지만 자신도 부모와 다른 존재이고, 자식도 나 자신과 다른 존재입니다. 그래서 부모에게 가장 중요한 것은 과거부터 현재까지의 자기 마음을 꾸준히 이해하고 인식하려는 태도입니다. 그래야 아이와 자연스럽게 정서적으로 상호작용할 수 있거든요.

사연자처럼 이제 막 새 가정을 꾸린 현재의 모습만 보면 행복할 테지만, 자꾸만 과거가 연상되며 두려움이 생길 수 있습니다. 어머니에 대한 해결되지 않은 양가감정이 자리하기 때문입니다. 사람은 누구나 어머니에게 사랑하고 사랑받으며 의존하고 싶은 마음도 있고, 한편으론 섭섭하고 원망스러운 마음도 있습니다.

그 양쪽의 복잡한 감정들을 외면하거나 억압하기보다는 구체적으로 인식하고 자연스럽게 받아들이면 좋겠습니다. 그래야만 그런 감정들로 인해서 지금 내 삶에 지장을 받지 않게 되기 때문입니다. 자신의 어린 시절과 지나치게 동일시되어 부모가 되는 것 자체에 대해 두려움이 큰 것이 그 증거입니다.

지나친 동일시를 방지하려면, 내가 과거 경험을 통해 끼고 있는 부모와 자녀 관계에 대한 색안경을 잘 알아야 합니다. 그러려면 우선 정리되지 않은 과거의 감정 경험들을 다시금 재구성해야 합니다.

때때로 과거의 감정으로 돌아가게 된다면
그것 그대로 아프지만,
피하기보다는 느끼고 인식해 보세요.

그때의 어린 나이에 이 모든 감정들을 감당해야 했던 자신을 따뜻하게 위로해주세요. 또한 지금 현재의 행복한 감정이 느껴진다면 그것에도 집중하려고 노력해보세요. 이 모든 감정들은 자연스러운 당신의 마음이고, 그 마음들이 곧 당신이 됩니다. 자기 마음을 받아들일 수 있는, 그래서 아이의 마음도 받아줄 수 있는 부모가 되길 기대합니다.

〈감정일기〉는 이렇게 써보세요

—

나 자신과의 관계를 회복하기 위해서는 자기감을 우선 회복해야 합니다. '자기감'이란 자기에 대한 인식, 즉 내가 무엇을 생각하고 느끼는지를 알아차리는 감각을 말합니다. 자기 정체성이나 자아 개념을 형성하는 데 중요한 역할을 하고 나의 욕구나 가치관을 인식하는 기본이 되는 감정이지요. 자기감을 회복하기 위해서 가장 추천드리는 방법은 '감정일기'입니다. 초등학생 때 숙제처럼 쓰던 일기와는 다르지만, 그렇다고 감정만을 써야 하는 것은 아닙니다. 내가 놓쳤던 감정을 인식하는 것을 목적으로 둔다는 점이 중요합니다.

감정일기를 쓸 때 알아야 할 것

잘 쓰는 법은 없어요

감정일기를 잘 쓰는 법이 없다는 것을 확실히 인식하고 '막 쓰는 게' 잘 쓰는 법입니다. 합리적이고 건설적이며 계획적이지 않은, 날것 그대로의 영역이 감정이기 때문입니다. 진솔한 감정일수록 그리 훌륭하지 않을 수밖에 없습니다. 그리고 마주하기가 불편하거나 괴로울 수밖에 없지요.

때때로 괴로울 수 있어요

감정일기를 쓰는 동안 찝찝하고 때론 괴롭다면, 이는 잘 쓰고 있다는 신호입니다. 일대일 개인 상담도 마찬가지이듯, 오랫동안 외면했던 내 감정들이 조금이라도 꿈틀대는 시점은 결코 유쾌하지 않습니다. 물론 괴로운 감정에만 집중할 필요는 없고 과거부터 현재까지의 희노애락 모든 감정을 떠오르는 대로 써보면 됩니다.

자기 자신에 대한 부정적인 생각이 들 수 있어요

감정일기를 쓰며 종종 나 자신이 한심하게 여겨진다면, 잘 쓰고 있다는 신호입니다. 진솔한 감정일수록 진솔한 생각들이 동반됩니다. 감정일기에는 감정만 쓰는 게 아니라 생각도 함께 기록할 수밖에 없습니다. 그런데 내 마음을 꺼내놓고 보니, 생각보다 매우 형편없는 쓰레기 같다는 생각이 들 수 있습니다. 나를 판단하지 않는 것이 감정일기를 잘 쓰는 법이지만, 생각처럼 쉽지 않기 때문에 나 자신이 얼마든지 한심하게 느껴질 수 있지요.

실전 가이드

감정일기는 막 쓰는 게 잘 쓰는 법이지만 그래도 막막하신 분들을 위해 최소한의 가이드를 드려보겠습니다. 상황, 생각, 감정, 행동으로 구분해서 작성해보세요. 이 방법은 감정의 흐름과, 감정이 나의 생각과 행동에 미친 영향을 체계적으로 이해하는 데 도움이 됩니다.

1. 상황

나에게 다양한 생각과 감정 및 행동을 불러일으킨 특정한 사건이나 상황을 '막' 써봅니다. 어떤 일이 발생했는지 가급적 구체적으로 작성해볼수록 나의 생각과 감정, 그리고 내가 했던 행동을 돌아보는 데 큰 도움을 줍니다. 상황을 객관적으로 쓰려는 노력을 하지 않을수록 좋습니다. 감정일기의 목적이 나를 검열

하는 것이 아닌, 내 마음을 이해하기 위함이기 때문에 주관적으로 파악한 상황 그대로 쓰면 됩니다.

> **예시** 협력사와 미팅이 있어서 팀장님과 택시를 탔다. 길이 막혀서 미팅 시간에 늦을지도 모르는 상황인데, 택시기사가 네비를 잘못 봐서 목적지를 100미터나 지나서 내려줬다. 팀장님과 함께 빠른 속도로 목적지를 향해 걸었다. 미팅 후 팀장님이 내가 맡은 부분에서 한 실수를 언급하며 무표정하게 차분한 목소리로 피드백을 주셨다.

2. 생각

이 상황에서 내가 했던 생각들을 '막' 써봅니다. 상황에 대한 나의 인지나 해석이 감정과 행동에 큰 영향을 미치므로, 어떤 생각들이 떠올랐는지 적어보는 경험이 누적되면 내가 주로 하는 생각의 흐름들이 보이게 됩니다. 물론 동반된 나의 감정을 구체적으로 인식하는 데에도 큰 도움을 줍니다.

> **예시** 골목으로 우회해서 목적지로 가달라는 요구를 할까 잠시 고민했는데 팀장님이 나를 깐깐하게 볼까봐 관뒀다. 팀장님 표정을 보니 더운데 걸어서 불쾌하신 것 같았다. 팀장님이 나를 정당한 요구를 못하는 호구 같은 사람으로 보

진 않을까 걱정스런 생각이 들었다. 미팅에서의 실수를 언급하실 때엔 택시 사건까지 떠올리며 나를 지적하시는 건 아닌가 싶었다.

3. 감정

이 상황에서 이런 생각을 하며 동반된 감정들을 '막' 적습니다. 감정의 강도를 10점 만점에 몇 점인지 수치화해서 적어보고, 그 감정의 지속 시간도 함께 적으면 좋습니다. 감정을 적다가 구체적인 상황이 다시 인식되며 떠오르면 '상황란'에, 동반된 생각이 떠오르면 '생각란'에 추가해서 적어보세요.

예시 택시에서 미팅에 늦을까봐 불안한(5) 마음이 들었다. 네비를 잘못 보고 실수한 택시기사에게 화가(8) 났다. 나 때문에 고생하신 팀장님께 죄송했다(3). 이런 거 하나 제대로 못한다고 나를 부정적으로 평가할까봐 불안했다(7). 팀장님의 눈치를 보느라 기사에게 정당한 요구를 하지 못하고, 오히려 당황한 나머지 웃으며 감사하다는 말까지 해버린 나에 대한 자괴감이(9) 들었다. 다른 감정들은 몇 분 정도만 지속되었는데, 내가 한심하게 느껴지는 자괴감은 퇴근 후 지금까지 6시간 동안 지속되고 있다.

4. 행동

이 상황에서 이런 생각과 감정에 의해 어떤 행동을 했는지도 '막' 적어봅니다. 생각과 감정이 나의 행동에 어떻게 영향을 미쳤는지 파악해볼 수 있습니다. 행동을 작성하다가 구체적인 상황이 다시 인식되며 떠오르면 '상황란'에, 동반된 생각과 감정이 떠오르면 '생각란'과 '감정란'에 추가해서 적어보세요.

> **예시** 택시에서 내리며 기사에게 웃으면서 "감사합니다"라고 말했다. 팀장님의 피드백을 듣는 동안 눈을 맞추지 못하고 계속 고개를 숙였고 표정이 굳어졌다. 사무실로 돌아와서도 팀장님과 눈 마주치기가 힘들었고 심지어 팀원들과의 소소한 대화 시간도 피한 채 자리에서 일하는 척만 했다. 퇴근 후에도 식사를 하며 계속 아까 있었던 상황을 머릿속에서 반복해서 그리곤 했다.

직접 작성해보기

1. 상황

_____

_____

_____

_____

2. 생각

_____

_____

_____

_____

3. 감정

_____

_____

_____

_____

4. 행동

_____

_____

_____

_____

감정 인식하기

감정일기를 통해 감정을 인식해보는 것은 자기감을 회복하는 데 도움이 되지만, 이미 어느 정도 시간이 지난 후에 복기해보는 것이어서 기억이 다 안 날 수 있습니다. 게다가 실시간의 생생한 감정을 인식하기 어렵다는 단점도 있지요. 우리가 매순간 호흡을 하듯 매순간 다양한 감정이 경험되는데, 이를 순간순간 인식해보는 것은 결코 쉽지 않습니다. 하지만 감정일기를 꾸준히 작성하다 보면 자연스럽게 그때그때의 감정이 인식될 것입니다. 아래에 그 순간의 감정을 더 구체적으로 인식하기 위한 방법들을 소개합니다.

감정 라벨링

감정 라벨링은 나의 감정에 조금 더 구체적인 이름을 붙이는 과정입니다. 감정을 단순하게 나누면 '좋다'와 '나쁘다'가 있지만, 내가 무슨 감정인지 더 명확하게 아는 것이 필요합니다. 그 순간 무슨 감정인지 몰라서 당황한 나머지 그로 인한 엉뚱하고 충동적인 행동을 할 수도 있지요. 그로 인해 부정적인 감정을 경험하고 후회하는 악순환을 방지하는 데 도움이 되는 방법입니다.

그러려면 구체적으로 언어화해 보는 것이 좋은데, 언어는 나의 감정을 표현하는 수단일 뿐 목적이 아니라는 점을 명심해야 합니다. 즉, 혹시 잘못 명명한 것은 아닐까 하는 두려움을 가질 필요가 없다는 것입니다. 어떻게든 감정을 세밀하게 구분해보는 시도가 여기에서 가장 중요한 점이니까요.

예를 들어 '화가 난다'라는 감정도 이면에 세분화된 '짜증' '분노' '좌절감' '무력감' '수치심' '죄책감' 등 다양한 감정이 있을 수 있습니다. 감정일기를 쓸 때와 마찬가지로 상황, 생각, 행동으로 구분하며, 동시에 구체적으로 인식해보면 동반된 구체적인 감정 인식에 도움이 될 것입니다.

생각, 감정, 행동을 각 번호별로 내용이 연결되도록 기록해보면 내 마음을 더 자세히 들여다 볼 수 있습니다(생각 ① → 감정 ① → 행동 ①, 생각 ② → 감정 ② → 행동 ②).

예시

1. 상황

대표님 앞에서 중요한 프레젠테이션을 하기 위해 대기 중이다.

2. 생각

① 발표를 잘 해내고 싶다.

② 준비를 철저히 하지 못한 것 같다.

③ 중간에 머리가 하얘지거나 말을 더듬는 상상이 된다.

④ 팀장님 표정이 어두운데 기분이 안 좋으신 것 같다.

⑤ 내가 발표를 잘 못하면 팀장님이 지적할 것 같다.

⑥ 다른 팀원들이 나의 발표를 기대하고 있는 눈빛이다.

⑦ 내가 발표를 잘 못하면 팀원들이 실망할 것 같고 팀장님
도 기분이 안 좋아져 팀 분위기를 망칠 것 같다.

⑧ 평소 팀원들과 섞이지 못하는 듯했는데 관계가 더 불편
해질 수도 있을 것 같다.

3. 감정

① 발표를 통해 직장에 완벽히 적응하고 싶어 절박하면서
도 긴장되고 부담스럽다.

② 준비를 했지만 왠지 중요한 것을 빠뜨렸을 것 같아 찝찝
하다.

③ 중간에 막히는 상상을 하니 부끄러움이 느껴진다.

④ 팀장님의 기분이 안 좋으면 지적받을 가능성이 커져 불
안하다.

⑤ 팀장님이 지적할까봐 두려운데 이런 걸로 걱정하는 나
에 대한 자괴감까지 든다.

⑥ 팀원들의 기대가 부담스럽다. 한편 이런 부담스러운 발
표를 나에게 미룬 것 같아 섭섭하다. 특히 내가 발표하도

록 분위기를 주도한 영미씨가 가장 얄밉다.

⑦ 팀원들이 내 발표에 실망하면 모두 나를 싫어할 것 같아
두렵다.

⑧ 내가 팀 분위기를 망치면 소외감이 더 커질 것 같고 이런
내 모습을 누가 본다면 참 수치스러울 것 같다.

4. 행동

① 긴장과 부담감에 가슴이 답답해졌고 한숨을 쉬었다.

② 찝찝해서 발표 자료를 여기저기 뒤적거렸다.

③ 비극적인 상상을 멈추려고 머리를 세게 가로저었다.

④ 불안감 때문에 다리를 떨었고 팀장님과 눈이 마주쳤는
데 피했다.

⑤ 두려웠지만 그 마음을 들킬까봐 쿨한 척 애써 미소 짓고
있었다.

⑥ 영미씨와 눈이 마주쳤는데 얄미운 마음을 들킬까봐 나
도 모르게 눈웃음을 보였다.

⑦ 팀원들을 둘러보다가 두려움에 고개를 숙였다.

⑧ 소외감과 수치심이 느껴져 눈을 질끈 감았다.

감정 수치화

감정 수치화는 감정을 더 구체적으로 인식하기 위해 숫자로

표현해보는 것입니다. 감정 라벨링 후 감정이 얼마나 강한지 1부터 10까지의 숫자로 표현해보는 것입니다. 가장 약한 감정은 1, 가장 강한 감정은 10입니다. 감정 라벨링과 마찬가지로 정답이 있는 것은 아닙니다. 감정의 강도를 내 나름대로 규정해보며 감정을 조금 더 구체적으로 인식해보는 것이 목적입니다.

또한 시간이 지남에 따라 강도가 어떻게 변하는지를 추적해보면 내 감정이 어떻게 달라지고 그 영향이 어느 정도 지속되는지를 잘 이해할 수 있습니다. 강도와 지속시간을 파악함으로써 복잡하게 섞여 있는 다양한 감정 중 어느 감정이 나에게 가장 주된 감정이었는지를 깨닫게 되는 이득도 있습니다.

예시

발표 전

① 발표를 통해 직장에 완벽히 적응하고 싶어 절박하면서도(8) 긴장되고(6) 부담스럽다(6).

② 준비를 했지만 왠지 중요한 것을 빠뜨렸을 것 같아 찝찝하다(4).

③ 중간에 막히는 상상을 하니 부끄러움이(9) 느껴진다.

④ 팀장님의 기분이 안 좋으면 지적받을 가능성이 커져 불안하다(5).

⑤ 팀장님이 지적할까봐 두려운데(7) 이런 걸로 걱정하는 나에 대한 자괴감까지(3) 든다.

⑥ 팀원들의 기대가 부담스럽다(4). 한편 이런 부담스러운 발표를 나에게 미룬 것 같아 섭섭하다(7). 특히 내가 발표하도록 분위기를 주도한 영미씨가 가장 얄밉다(8).

⑦ 팀원들이 내 발표에 실망하면 모두 나를 싫어할 것 같아 두렵다(9).

⑧ 내가 팀 분위기를 망치면 소외감이(9) 더 커질 것 같고 이런 내 모습을 누가 본다면 참 수치스러울(10) 것 같다.

발표

중간에 한두 번 말을 더듬어 완벽하지는 않았지만, 내용 면에서 망치지는 않았다고 판단됨.

발표 후

① 발표를 통해 직장에 완벽히 적응하고 싶어 절박하면서도(5) 긴장되고(1) 부담스럽다(2).

② 준비를 했지만 왠지 중요한 것을 빠뜨렸을 것 같아 찜찜하다(0).

③ 중간에 막히는 상상을 하니 부끄러움이(5) 느껴진다.

④ 팀장님의 기분이 안 좋으면 지적받을 가능성이 커져 불

안하다(0).

⑤ 팀장님이 지적할까봐 두려운데(0) 이런 걸로 걱정하는
나에 대한 자괴감까지(5) 든다.

⑥ 팀원들의 기대가 부담스럽다(1). 한편 이런 부담스러운
발표를 나에게 미룬 것 같아 섭섭하다(3). 특히 내가 발
표하도록 분위기를 주도한 영미씨가 가장 얄밉다(5).

⑦ 팀원들이 내 발표에 실망하면 팀원들 모두 나를 싫어할
것 같아 두렵다(3).

⑧ 내가 팀 분위기를 망치면 소외감이(4) 더 커질 것 같고
이런 내 모습을 누가 본다면 참 수치스러울(6) 것 같다.

퇴근 후

① 발표를 통해 직장에 완벽히 적응하고 싶어 절박하면서
도(8) 긴장되고(0) 부담스럽다(0).

② 준비를 했지만 왠지 중요한 것을 빠뜨렸을 것 같아 찝찝
하다(0).

③ 중간에 막히는 상상을 하니 부끄러움이(2) 느껴진다.

④ 팀장님의 기분이 안 좋으면 지적받을 가능성이 커져 불
안하다(0).

⑤ 팀장님이 지적할까봐 두려운데(0) 이런 걸로 걱정하는
나에 대한 자괴감까지(2) 든다.

⑥ 팀원들의 기대가 부담스럽다(0). 한편 이런 부담스러운 발표를 나에게 미룬 것 같아 섭섭하다(7). 특히 내가 발표하도록 분위기를 주도한 영미씨가 가장 얄밉다(8).

⑦ 팀원들이 내 발표에 실망하면 모두 나를 싫어할 것 같아 두렵다(2).

⑧ 내가 팀 분위기를 망치면 소외감이(6) 더 커질 것 같고 이런 내 모습을 누가 본다면 참 수치스러울(8) 것 같다.

지금까지 안내드린 구체적인 방법으로 꾸준히 감정일기를 써 보고 평소 호흡하듯이 감정 인식을 해보세요. 어느새 내가 내 편이 되어 있는 놀라운 경험을 하게 될 거예요.